JON CHRISTOPH BERNDT® VS. SVEN HENKEL®

future ready!

GELEBTE IDENTITÄT IN DISRUPTIVEN ZEITEN –
SO WERDEN UNTERNEHMEN ZUKUNFTSFEST

PRINTAMAZING

Bibliografische Information der Deutschen Nationalbibliothek: Die Deutsche Nationalbibliothek verzeichnet diese Publikation in der Deutschen Nationalbibliografie; detaillierte bibliografische Daten sind im Internet über http://d-nb.de abrufbar.

Für Fragen und Anregungen:
amaze_me@brandamazing.com

Ein Imprint von brandamazing
Lilienstraße 41
81669 München

Germany

Projektleitung und redaktionelle Mitarbeit: Isabella Sbresny
Gestaltung und Satz: Verena Lorenz, München
Fotos: Autorenfotos © Philipp Wulk, München; alle anderen Fotos © bei den Autoren
Korrektorat: Dietlind Grüne, Heidelberg; Ulrike Hollmann, Hambergen

ISBN Print 978-3-9824239-3-7
ISBN E-Book (PDF) 978-3-9817231-7-5
ISBN E-Book (EPUB, Mobi) 978-3-9817231-8-2

„Wer nur informiert, aber nichts erzählt, wird nur gelikt, aber nicht geshart.“

JON CHRISTOPH BERNDT® UND PROF. DR. SVEN HENKEL®

Inhalt

Der Politologe **Jon Christoph Berndt®** ist Spezialist für Profilierung, Aufmerksamkeit und Vermarktungserfolg. Mit der Brandamazing Managementberatung in München begleitet er markenorientierte Unternehmen und Menschen dabei, ihren Erfolg planbar zu machen. Sie profilieren und präsentieren sich überzeugend und bekommen die Beachtung, die sie verdienen. Damit sind sie future-ready. Jon Christoph Berndt ist gefragter Experte in den Medien, Autor zahlreicher Bücher und Dozent an der Universität St. Gallen. Er hält international Keynote-Vorträge auf Deutsch genauso wie auf Englisch. Dabei ist ihm, bei aller fachlichen Substanz, Humor besonders wichtig – wer lacht, lernt.

brandamazing.com

Der Betriebswirtschaftler **Prof. Dr. Sven Henkel®** ist Inhaber des Lehrstuhls für Customer Behavior and Sales an der EBS Universität für Wirtschaft und Recht. Zudem ist er Ständiger Lehrbeauftragter der Universität St. Gallen und Faculty Member der dortigen Executive School (Schwerpunkt Branding und Marketingkommunikation) sowie involviert in diverse Langzeitprojekte des dortigen Center for Customer Insight. Er forscht und arbeitet schwerpunktmäßig in den Feldern Markenführung, Behavioral Branding und Verkaufspsychologie und ist Academic Advisor bei Brandamazing. Seine Arbeiten werden regelmäßig in international anerkannten Fachmagazinen veröffentlicht.

auf-merk-sam!

So viele „Kauf mich!"-Botschaften zur selben Zeit: Da weiß man gar nicht mehr, wo man zuerst hinschauen soll! Die so knappe wie naturgemäß begrenzte Ressource Aufmerksamkeit wird umso kostbarer, je mehr Anbieter um sie buhlen. Da ist es immer schwieriger zu entscheiden, was man zuerst beachten soll, was anschließend und was überhaupt nicht. Die Folge ist, dass wir Unternehmen und ihren Produkten genauso wie unserem Gegenüber immer weniger Beachtung schenken. Es liegt auch daran, dass wir selbst viel lieber Absender als Empfänger von Botschaften sind; vor allem online. Die Aufmerksamkeitsspanne beschreibt die Zeit, in der sich die Aufmerksamkeit einer Person voll auf eine Sache konzentriert. Sie ist von zwölf Sekunden im Jahr 2000 auf nur noch acht Sekunden im Jahr 2013 gesunken. Damit ist der Mensch, was diese wesentliche Fähigkeit angeht, unter dem Niveau des Goldfischs angekommen. Der, davon geht die Forschung aus, kann stabil etwa neun Sekunden bei einer Sache bleiben.

Der tägliche Kampf um die Aufmerksamkeit wird im gesellschaftlichen Miteinander mit härtesten Bandagen geführt – unter den Menschen genauso wie zwischen den Unternehmen um die Gunst der Käufer und Konsumenten: Wie noch auffallen, als Firma mit ihrem Produkt wie als Mensch mit sich selbst? Wie den „Share of Voice" bekommen, seinen Anteil an Beachtung aus der begehrten Zielgruppe, die man mit all den anderen Anbietern teilen muss? Die – inzwischen zu einfachen – Antworten auf diese Fragen sind, dass dafür heute alles ganz besonders schnell, bunt, laut und vor allem billig sein muss. Die Ware muss raus, morgen kommt neue! Da wird beim Elektrohändler Saturn der auch in Europa angekommene „Black Friday" – der Freitag nach Thanksgiving läutet in den USA mit irrsinnigen Rabatten das Weihnachtsgeschäft ein – gleich zur „Black Week mit exklusiven Angeboten, täglich neuen Hightech-Highlights und stündlich wechselnden Schnäppchen". Dazu gibt es den passenden Werbedonner.

Aufmerksamkeit und Motivation zu handeln entstehen durch die erlebbare Einzigartigkeit von Aktionen. Weil Saturn hier aber bloß den Grund für noch eine durchschaubare Rabattschlacht findet, hört da kaum einer mehr hin.

Wer auf seine Kunden hört und weiß, was sie wollen, braucht bei Rabatten nicht mitzumachen.

Wer unsicher ist und vergessen hat, mit der Zeit zu gehen, gerät aus der Spur und braucht den Mehr-Schein-als-Sein-Hebel. Wenn sogar ein ehemals so edles wie klar positioniertes Medium wie der Spiegel auf einmal anfängt, sich zu verhalten wie der Aale-Dieter auf dem Hamburger Fischmarkt, ist Eindeutigkeits- und Klarheitsgefahr im Verzug. Es geht so weit, dass sich das Magazin, etliche Jahrzehnte mit dem Nimbus der gedruckten Wahrheit erschienen, in der „GMX Vorteilswelt" als Zugabe verramscht. Der Mailprovider schickt seinen Usern das ultimative Stöhn-Angebot: „Ihr Online-Kredit mit bis zu 100 Euro Cashback! +++ DER SPIEGEL + Mini-Digicam gratis!" Im Kontext damit droht die seit Jahrzehnten so unumstößliche, wertvolle Marke des gedruckten Spiegel irreparabel beschädigt zu werden. Die Online-Marketer nehmen es im Kampf um das bisschen Aufmerksamkeit billigend in Kauf. Das alles für ein paar neue Abonnenten, von denen sie nicht einmal wissen, wie lange sie bei der Stange bleiben werden. Denen gegenüber stehen langjährige Leser, die – derart vergrault – ihr Abonnement kündigen und nicht wieder zurückkehren. Schon gar nicht über GMX.

Bei den 14.000 „Beachte mich!"- und „Kauf mich!"-Botschaften, denen jeder Mensch täglich ausgesetzt ist, ist kein Anbieter dauerhaft auf diese Art erfolgreich. Vielmehr gilt: Nur wer zuerst auf seine Kunden hört und dadurch wirklich weiß, was sie sich wünschen, und ihnen dann die Aufmerksamkeit gibt, die sie verdienen, braucht bei so etwas Selbstzerstörerischem nicht mitzumachen. Wer allerdings unsicher ist und vergisst, beim wertvollen Miteinander mit der Zeit zu gehen, gerät aus der Spur und braucht den kurz gedachten Mehr-Schein-als-Sein-Hebel. Auch wenn es nicht länger gut geht, am lautesten zu schreien. Stattdessen muss der Sender Produkte haben, die man haben will, dafür die Signale der bindungswilligen Konsumenten wieder ernst nehmen und dafür wiederum offen für ihre Botschaften sein.

Fragt man Kunden nach ihren Beziehungen zu bekannten Unternehmen (was sie von Marken erwarten, wie sie einbezogen werden wollen und welchen Einfluss eine gelungene Einbindung auf ihre Kaufbereitschaft hat), wünschen sie sich durchweg eine wertschätzende Beziehung auf Augenhöhe. Sie wollen vor allem, dass Unternehmen ihnen zuhören und sie verstehen. Allerdings bestätigen nur die wenigsten ein enges Verhältnis zu einer bestimmten Marke und dass sie sich von ihr gehört und verstanden fühlen. Etliche sind sogar der Überzeugung, dass die Unternehmen sich allein aus egoistischen Gründen für sie interessieren. Dabei ist das Erkennen und Erfüllen wahrer Konsumentenbedürfnisse ein zentraler Schlüssel zu nachhaltigem wirtschaftlichem Erfolg. Anbieter, die das schaffen, werden signifikant mehr empfohlen,

Wobei das nicht mit ständigem Umgarnen verwechselt werden darf: Der Angler zum Beispiel schweigt gern zurückgezogen. Ihn treffsicher zu erreichen bedeutet deshalb für Marken, nur zu reden, wenn er sie fragt.

gekauft und sogar verteidigt. Fazit: Marken, die Konsumenten und ihre Wünsche hören, werden mit höherer Kaufbereitschaft und Weiterempfehlung belohnt. Voraussetzung dafür ist, nicht nur Bedürfnisse zu erfragen, sondern vor allem das gesamte Handeln auf die Antworten abzustimmen.

Wie das nicht geht, macht Henkel vor, als man für das Geschirrspülmittel Pril ein neues Design und einen neuen Slogan sucht. Das Unternehmen schreibt einen Wettbewerb in den sozialen Netzwerken aus und verspricht, das Design mit den meisten Stimmen aus den Reihen der Crowd in den Handel zu bringen. An und für sich ein guter Ansatz für neues Zuhören. Mehr als 30.000 User machen mit. Der Entwurf mit einem hingekrakelten geflügelten Etwas und dem Spruch „Schmeckt lecker nach Hähnchen" gewinnt mit über 3.500 Stimmen. Da setzt Henkel plötzlich eine Jury ein. Die selektiert nun die Vorschläge und gibt auf einmal nur noch einige wenige, ihr genehme Kandidaten zur weiteren Abstimmung frei. Das bietet erstes Futter für einen veritablen Shitstorm im Netz. Als dann noch herauskommt, dass für den ursprünglich zweitplatzierten Vorschlag „mit leckerem Brezelduft" weniger als die abgegebenen Stimmen registriert sind, ist der PR-GAU perfekt. Das Marketing bei Henkel argumentiert, dass das Design schließlich zur Marke passen muss. Draußen in der Konsumentenwelt interessiert das allerdings niemanden. Das Learning: Im wertschätzenden Umgang mit der so hochsensiblen wie kritisch gewordenen Community hat man immer nur einen Schuss, und der muss sitzen.

Da hast Du recht.
Wie die dennoch
30.000 User für ein
derartiges Abtörnthema
begeistern, ist mir erst
recht schleierhaft.

Wer beachtet wird, bekommt Gehör, fühlt sich wertgeschätzt, ist gefragt.

Beachtung verspricht Profit in vielerlei Hinsicht – emotional für die Sinne und das Wohlbefinden, rational bei Umsatz und

Gewinn. Das zu planen und für die eigenen Zwecke zu nutzen ist anspruchsvoll, und nicht jeder Vorstoß gelingt. Wichtige Voraussetzungen dafür, dass es klappt, sind auf der einen Seite echtes und ehrliches Verständnis für die Anliegen des anderen. Auf der anderen Seite braucht es das konsequent darauf abgestimmte sinnstiftende Handeln. Erst die schlüssige Kombination aus beidem erzeugt den Sog. Der sorgt dafür, dass man weniger tun muss, um mehr zu erreichen. So ergibt sich der Pull-Effekt, den alle wollen – diese gewisse Anziehungskraft profilierter Menschen genauso wie profilierter Unternehmen und Produkte. Wer sie hat, wird begehrt und muss nicht ständig „Beachte mich!" und „Kauf mich!" brüllen (im Gegensatz zur gegenteiligen Strategie – dem Push-Marketing). So ist man wirklich future-ready: Die besondere Kombination aus dem nachvollziehbaren Nutzwert (Was habe ich von dem Angebot?), dem Erscheinungsbild (Wie kommt es rüber?) und einer gewissen Gewitztheit (Inwiefern bereichert es mich?) sorgt für mehr und hochwertigere Aufmerksamkeit als das kakophonische Dröhnen aus all den üblichen Werbebotschaften. Und so für die stärkere Kundenbindung und mehr Umsatz und Gewinn.

Was ist „hochwertige" Aufmerksamkeit? Laut dem bewährten AIDA-Modell entsteht sie generell (Awareness, A) durch das Interesse (I), das sich im besten Fall erst zum Verlangen (Desire, D) und dann zum Kauf (Action, A) entwickelt.

Nicht nur clevere Aktionen, auch ganze Geschäftsideen setzen auf menschliche Nähe. Damit sie spürbar ist, müssen neue Anbieter zuerst genau wissen, für wen sie ihr Angebot überhaupt formulieren. Dann müssen sie sich anschauen, wie diese Menschen leben, was sie wollen und, vor allem, wie ihre geheimen Wünsche und Bedürfnisse aussehen. Das amerikanische Start-up dollarshaveclub.com schafft es. Die Macher knöpfen sich den Marktführer Gillette mit all seinen unterschiedlichen Rasierhobeln und den ganzen Varianten und Aufsätzen vor: 5-Klingen-Technologie, Präzisionstrimmer, Lubrastrip mit Indikator, Komfortschutz mit Mikrolamellen, ergonomischer Griff ... Wie bei Tintenstrahldruckern sind die Geräte erstaunlich günstig. Dafür liegen die Klingen, die hier die Tinte sind, schnell bei um die 23 Euro für

Am innovativsten sind hier nun mal die Kraftausdrücke. Sie kaschieren das generelle Low-Innovation-Level in dieser Branche sehr gekonnt.

acht Stück. Die Verwirrung ist groß, die Preise sind gesalzen. Vielleicht lieber etwas von dem ewig zweitplatzierten Konkurrenten Wilkinson? Da kosten acht Ultraglide-Klingenaufsätze immerhin unter 20 Euro. Hilft allerdings auch nicht wirklich weiter.

Einfach, günstig und sexy geht anders: Der Dollar Shave Club grätscht mit einem Rasierklingen-Abonnement und dem Slogan „Shave Time. Shave Money." in den Markt. Den ersten Rasierer mitsamt Klinge gibt es ab einem Dollar mit der Post, und frische Klingen kommen für eine Handvoll Dollar automatisch immer wieder neu. Für den Mann, der sich täglich rasiert, ist das hochrelevant; immer richtig, immer gut versorgt, nie sind die Klingen aus, und vor allem gibt es nicht länger Verwirrung und Unsicherheit am Regal im Drogeriemarkt. Ein Club mit solch einem Angebot ist immer hot. Sein Angebot sorgt mit all seinen Benefits für etwas inzwischen Hochwichtiges – die Abnahme der Entscheidung. Es beschränkt sich auf drei Rasierhobel und die jeweils passende Klinge. Es gibt keine Mindestlaufzeit für das Abo, und die Frequenz der Nachlieferungen kann jederzeit angepasst werden. Das Angebot ist günstig und cool – der Underdog gegen die Großen! Das sieht auch Unilever so und kauft kurzerhand den ganzen Laden für eine Milliarde Dollar. Aber dermaßen hintergründig, dass dabei die ganze Coolness und der Underdog-Approach erhalten bleiben.

Erstaunlich, dass ein Multi-Milliarden-Markt so lange braucht, um das bewährte Abo-Modell für sich zu entdecken. Für Socken gibt es das seit 1999; es heißt blacksocks.com.

Anbieter, die sich allein über den Preis (mehr für weniger, schnell und unbegrenzt verfügbar) und nicht vor allem über ihre Begehrlichkeit (weniger für mehr, ausgewählt und persönlich, begrenzt verfügbar) positionieren, brauchen weder zu fokussieren noch zuzuhören. Sie werden lange ihre Kundschaft haben, jedoch für ihre kurzsichtige Geschäftspolitik früher oder später mit weniger Marge oder gar Unterdeckung bezahlen. Im Sinne der langfristigen Kundenbindung und damit der Sicherung ihrer Existenz kommen auch sie auf Dauer nicht umhin, ihre potenziellen

Kunden genauer anzuschauen und ihnen wirklich zuzuhören. Und dabei den Markt und die ganze Konkurrenz sehr genau im Auge zu haben. Viele Unternehmen fokussieren sich bereits nachvollziehbar und mit Erfolg auf die Bedürfnisse ihrer Kunden. Andere versuchen es und scheitern daran – weil sie zwar Zuhören versprechen und Beachtung suggerieren, aber beides mehr Schein als Sein und damit nicht eindeutig spürbar ist.

Schlüssige Fokussierung ist eine zentrale Voraussetzung für geplant bekommene Aufmerksamkeit.

Wer fokussierte Botschaften sendet, ist bereit dafür, genau solche auch zu empfangen und beides dann mit fokussiertem Handeln in Einklang zu bringen. Und zwar online genauso wie offline: Laut der Studie „Erfolgsfaktoren im E-Commerce" punkten digitale Fachhändler zusehends gegen den Gemischtwarenladen Amazon. Dort werden Online-Kunden zu ihren Erfahrungen mit mehr als 100 Shops befragt. Dimensionen sind Website-Design, Service, Bedienung, Preis-Leistungs-Verhältnis, Sortiment, Bezahlung und Check-out sowie Versand und Lieferung. Amazon, so das Ergebnis, ist nicht schlechter geworden. Vielmehr holen die Wettbewerber, die aus der analogen Welt kommen, auf; grade bei den besonderen Amazon-Stärken Schnelligkeit und Service. Gleichzeitig wird Amazon wegen seiner schieren Größe als zusehends unübersichtlich wahrgenommen. Zu viele Informationen und Angebote überfordern den User und halten ihn vom Einkauf ab.

Bei Waren stört die Masse, beim Streaming ist sie ein USP. Die Vorteile schierer Größe zu nutzen erfordert manchmal auch, neue Geschäftsfelder zuungunsten der angestammten höher zu priorisieren.

Vor allem aus diesen Gründen – neben zum Beispiel mehr Vertrauen in Know-how und Kompetenz spezialisierter Anbieter – bekommt der Online-Fachhandel Aufmerksamkeit, genauso wie Curated Shopping (betreutes Einkaufen). Es kombiniert den elektronischen Handel und die Vorzüge der persönlichen Ansprache im Laden. Mit der Fachberatung im Netz stößt der E-Commerce in die Domäne des stationären Handels vor. Vorreiter sind Herrenausstatter wie outfittery.com und modomoto.com: Man füllt online einen Fragebogen aus, der Vorlieben und Stil ermittelt. Die Wünsche werden in einem Telefonat detailliert. Einige Tage später kommt ein Paket mit mehreren kompletten Outfits nach Hause. Was nicht gefällt, geht zurück. Der Service ist in der Regel kostenfrei, und die Margen entsprechen denen des Einzelhandels. Dieses Konzept dient allen: Der Händler bekommt Beachtung und Umsatz, weil er den Nerv der Zeit trifft. Er füttert mit den Profilen seine Algorithmen. Die sind mit der Zeit so fein ausgesteuert, dass sie Teile der menschlichen Beratung übernehmen können. Der Kunde wiederum, hier der Einkaufsmuffel Mann, ist maximal angetan. Er darf ein Outfit erwarten, mit dem er sich gut gekleidet fühlt. Außerdem bekommt er auch hier das, was angesichts der zunehmenden Komplexität in seinem Leben das Wertvollste überhaupt ist: geistige Entlastung. Zudem sind Erlebnisse mit den schicken Online-Stores adäquate Gesprächsthemen für den gepflegten Smalltalk. Alles also voll am Schmerzpunkt des kultivierten urbanen Mittvierzigers.

Gelebte entgegengebrachte wie bekommene Aufmerksamkeit ist die härteste Währung, die es gibt. Dagegen sind Euro und Dollar nur vergängliche Tausch- und Zahlungsmittel, die fortwährend Risiken und Schwankungen unterliegen. Aus dieser Warte betrachtet, ist die Aufmerksamkeit nicht nur das härteste, sondern auch das stabilste Zahlungsmittel. Und zwar nicht nur im zwischenmenschlichen Bereich, sondern auch in wirtschaftlicher Hinsicht: immer willkommen, immer anerkannt, immer gut für ein Tauschgeschäft. Von beiden Seiten zeitgemäß gespielt, sorgt sie für mehr wertschätzendes Miteinander sowie für guten Umsatz und sauberen Profit.

DAS ELEVEN STORIES IST FUTURE-READY:

„Man muss ein Versprecher dann imme erfüllen – mit dem Teller und ins Glas indem man den wirklich feine Zei

roßes
bgeben und es
vieder neu
vas auf den
ommt, und
Gast eine
ereitet."

JÜRGEN HÖRMANN,
GESCHÄFTSFÜHRENDER GESELLSCHAFTER

Aus dem zukunftsbereiten Tagebuch von Henkel & Berndt:

HERINGSDORF

Ich sag's ja schon immer: Die Marke Lidl ist so stark, dass sie es sogar mit Danone aufnimmt.

Die machen die jahrzehntelang gepflegte Zwei-Marken-Gesellschaft kaputt – und den Rest von dem bisschen Marge schaffen sie so auch noch.

Ich kenn das aus St. Gallen: Nach der Uni gibt's Bündnerfleisch und Sbrinz – mit den Fingern!

DÜSSELDORF

In Deutschland jetzt auch, heißt Swiss Apéro. Dazu am besten ein Mäulchen voll Petite Arvine.

mo-bil!

Webex ist ein internetbasierter Telefondienst des US-amerikanischen Telekommunikationsanbieters Cisco. Egal, wo man ist, ob man digital telefonieren, sich treffen oder Powerpoint-Präsentationen von unterschiedlichen Orten aus gemeinsam bearbeiten möchte – Webex hat die passende Lösung. „Arbeiten Sie unabhängig von Ihrem Standort", verspricht die Website, und der Einstieg ist tatsächlich denkbar einfach. Man klickt „Kostenlos Starten", erstellt einen Account und kann sofort mit bis zu zwei Personen kostenlos konferieren und arbeiten. Wer mehr will, zahlt. So weit, so gut, so einfach, so smart. Dabei ist es oftmals auch so nervig und so anstrengend, überall erreichbar zu sein und überall zu arbeiten. Das Internet macht die Welt zu einem hypermobilen Ort. Die nächste Flugbuchung, der nächste Leihwagen, der Pizzadienst, die Banküberweisung, der Smokingverleih, der Feierabendflirt ... Alles ist immer zu haben und nur einen Klick entfernt. Was wie der Himmel auf Erden klingt, hat viele Schattenseiten. Vor allem die, dass wer zu viel Auswahl und zu viele Möglichkeiten hat, schnell verwirrt bis überfordert ist. Brauche ich nach Frankfurt und Berlin auch noch die ÖPNV-App für München auf dem Smartphone? Wozu ist noch mal dieses Bildbearbeitungstool, das ich mir am Wochenende heruntergeladen habe? Egal, in der Hosentasche vibriert es sowieso immer.

Es ist die Pest! Viele fühlen so, und dennoch machen alle mit. Ich auch.

Informationsüberlastung ist Stress pur. Davon los kommt man am besten im Trappistenkloster mit radikalem Handyentzug – gebucht auf klosterportal.org. Mobilität ist kein Mittel zur Überwindung von Distanz, sie ist ein Lebensstil. Meilensammeln, Onlineshoppen und Bloglesen gehören zum Alltag dazu und verändern das Verhalten im beruflichen wie im privaten Umfeld nachhaltig. Nichts geht mehr schnell genug, nichts ist mehr einfach genug. Jede Information, deren Verarbeitung mehr als zwei Sekunden erfordert, wird zunächst ignoriert oder hintangestellt. Entsprechend gilt es, mobile Angebote so zu konfigurieren, dass sie leicht verdaulich, aus Kundensicht relevant und möglichst überall erhältlich sind.

Und das scheint so schwierig zu sein. Obwohl es dafür eigentlich nur und vor allem wichtig ist, die Wünsche und das mobile Verhalten der Zielgruppe erst einmal genau zu verstehen.

Neulich bei 160 km/h auf der Autobahn. Da rechts, ein Plakat in Pink. Darauf steht groß in Grau „Anschnallen", darunter in Weiß „Für sie". Darunter ein riesengroßes Paar zartrosa Babyschuhchen. Das Foto erfasst man schneller als die Schrift. Geht es hier, auf der Autobahn, tatsächlich um Werbung für Schuhe? Oder etwa um Kindersitze für Mädchen? Nur wer jetzt hart abbremst, erfasst grade noch so, worum es wirklich geht: Ganz unten rechts, zwar stylish, aber viel zu klein, steht weiß unterlegt: „Runter vom Gas". Man soll wohl die Kinder anschnallen. Oder langsamer fahren? Oder beides? Bei der inhaltlichen Qualität des Plakats dauert die Analyse vom Wahrnehmen bis zur abgeschlossenen Dekodierung fünf Sekunden. In der Zeit fährt der Autofahrer Hunderte Meter weit, im Blindflug. Gleichzeitig telefoniert er mit der einen Hand und fummelt mit der anderen am Navi rum. Dabei sind die menschliche Auffassungsgabe und unsere kognitive Verarbeitungskapazität seit der Steinzeit nahezu unverändert – bei ständig mehr Informationen, die auf jeden von uns einprasseln. Da verstehen die Leute von der Verkehrssicherheitskampagne als Urheber des Plakats nicht im Ansatz, wie Kommunikation für naturgemäß mobile Verkehrsteilnehmer geht.

Beim Erstkontakt investiert der Kunde maximal Sekunden.

Laut einer Studie von ProsiebenSat.1 ist jedermann jeden Tag rund 12.000 Impulsen ausgesetzt, von denen er sich lediglich drei neue merkt. Entsprechend ist es im Marketing essenziell wichtig, gerade die Botschaften für die mobile Zielgruppe so eindeutig und spannend zu gestalten, dass sie einerseits unmittelbar wahrgenommen (im Sinne von Aufmerksamkeit) und andererseits im Anwendungskontext verarbeitet werden (im Sinne von Relevanz). Ein zentraler Erfolgsfaktor bei der Erregung geplanter Aufmerksamkeit ist die Wahl des richtigen sensorischen Reizes. Während der Mensch heutzutage visuell schnell überfordert ist, bietet beispielsweise die Ansprache des Geruchssinns weiterhin großes Potenzial. Ob die Brezel von Ditsch besonders gut schmeckt oder nicht – sobald der passionierte Bahnfahrer den Bahnhof betritt, zieht ihn der Duft des einschlägig bekannten Backwarenstands magisch an. Er löst den Pawlowschen Reflex aus und adressiert das Urbedürfnis Hunger. Das weiß man auch bei Abercrombie & Fitch, wo die Verantwortlichen für das ganzheitliche In-Store-Erlebnis on the brand weder den Sound noch das Licht vor Ort regeln lassen; und schon gar nicht das Beduften mit dem markeneigenen Parfüm Fierce (zu Deutsch: wild). Die Folge: Beim Sightseeing in der Londoner Savile Row duftet es beim näheren Hinschnuppern irgendwie so wie in der Sendlinger Straße in München… Der Tourist nimmt unwillkürlich die Witterung auf und kann sich nicht dagegen wehren: Hier muss doch

Dass da nur der Anschein von manufakturellem Brezelschlingen nach Großmutterart aufrechterhalten wird, blendet er in diesem Moment des Verlangens einfach aus.

Warum sollten die ihre Mitarbeiter auch zum Selberhandeln befähigen? Selbst die Temperatur im Laden, hört man, wird zentral aus New Albany, Ohio, gesteuert.

irgendwo der Laden sein, wo es die coolen Shirts gibt, ohne die ich sowieso nicht nach Hause kommen darf!

Was, wenn Apollo, Saturn und Kaufhof auch anfangen mit Duft? In Hamburg und München musste Abercrombie & Fitch schon runtergehen vom Zerstäuber ...

Wo es bei der Nase noch Potenziale gibt, sind die der Augen so gut wie ausgeschöpft: Wir sind nahezu nicht mehr in der Lage, einzelne Farben einer bestimmten Marke zuzuordnen. Bestimmte Farbkombinationen dagegen merken Kunden sich eher und können sie unbewusst eindeutig mit der Markenbotschaft des Absenders verbinden. Diese Erkenntnis macht sich der Schweizer Telekommunikations-Dienstleister Swisscom zunutze. Bereits 2007 zeigt man dort Weitsicht und führt das rot-blau-graue Logo ein. Aufgrund der einzigartigen Farbkombination ist es selbst dann eindeutig erkenn- und zuordenbar, wenn es nur teilweise sichtbar ist. Außerdem gibt es animierte Versionen. Beide Aspekte sind für den Einsatz in der rasanten digitalen Welt unerlässlich. Mit Blick auf die Relevanz ist zudem wichtig, dass der Rezipient sofort den Kern der Leistung erkennt und nachvollziehen kann. Die Marketingabteilung dazu: „Für Bildschirmapplikationen setzen wir, wenn immer möglich, die dynamische, also animierte Brandmark ein. So kann die Brandmark ihr volles Potenzial ausschöpfen und unsere dynamische Identität besser zum Ausdruck bringen." Je nach dem Einsatzzweck online gibt es das „Mnemonic" mit einmaliger, das „Paused" mit wiederkehrender und das „Loop" mit fortwährender Drehung: „Je nach gewünschter Interaktion kommt eine dieser Versionen zum Einsatz. Beachte bei der Wahl der dynamischen Brandmark, dass diese die User Experience nicht stört, indem z.B. zu viele animierte Elemente auf dem Bildschirm platziert sind." Eine Petitesse, sollte man meinen, in der zeitgemäßen Werbewirkungsforschung allerdings ein Meilenstein.

Dabei geht es hier nur um die passive Wahrnehmung mobilitätsoptimierter Kommunikation. Wer hier vorn dabei sein will, muss die Zeichen der Zeit erkennen und vor allen Dingen wollen. Es gehört nicht allzu viel dazu, es dann tatsächlich auch zu sein. Entschieden komplexer wird es, wenn ganz neue, zeitgemäße Geschäftsmodelle an den Start gehen. Es sind die, die dem Lebensgefühl entsprechen und deren Macher nicht bloß immerzu von Disruption und Agilität sprechen, sondern genau so handeln. Bei Hopon gelingt es: Der Name ist Programm, und der Geschäftszweck wird schon beim Hören intuitiv hergeleitet. Der Mobilitätsdienstleister geht 2014 an den Start, und zwar genau dort, wo der größte Painpoint urbaner Dauertraveller sitzt. Deren Unzufriedenheit stiftet vor allem, dass man zwar auf dem Weg von Tür zu Tür zumeist verschiedene Verkehrsmittel und Anbieter nutzen muss, die Fahrkarten dafür aber nur einzeln erhältlich sind. Schon schön, wenn der gesamte Reiseverlauf mit Zeiten und Verkehrsmitteln online und auf einmal einsehbar ist. Noch schöner, wenn es dafür ein einziges Ticket gibt. Hopon löst die Herkulesaufgabe mit der sogenannten Near-Field-Communication-Funktion (NFC) auf dem Smartphone. In Berlin sind bereits zahlreiche Anbieter mit dem Erkennungschip für die App ausgestattet. So muss der Kunde im Bus nicht nach dem Kleingeld für das Ticket kramen, sondern wird einfach beim Ein- und Ausstieg registriert und bekommt anschließend die streckenabhängige Fahrtkostenabrechnung auf das Smartphone. Hop on! – Spring auf! So einfach kann Mobilität sein. Wer den anderen zeigen will, dass er da ist, wo vorn ist, lässt sich die Registrierung im Bus mit dem vom Handy gequäkten „Hopon" quittieren.

Die Insights wirklich mobiler Marken treffen den Kunden direkt ins Mark.

Die Deutsche Bahn ist in vielerlei Hinsicht das komfortabelste, geruhsamste und zeitsparendste Fortbewegungsmittel. Man setzt sich hin und arbeitet oder streamt Netflix, sogar in der 2. Klasse. Da kommt das Flugzeug nicht mit. „Diese Zeit gehört

Dir", wirbt die Bahn und holt den Kunden damit genau dort ab, wo es wehtut. Die Zeit ist eines der kostbarsten Güter unserer Zeit. Beim Fliegen ist sie dagegen schlecht investiert: Sie vergeht da wie im Flug, weil sie höchst fragmentiert ist: Check-in, boarden, Sicherheitshinweis, „Chicken or Beef?", Rückenlehne gradestellen, Gepäckband… Es gibt immer was zu tun, tatsächlich tut man aber nichts. Da lobt man sich die Deutsche Bahn: einsteigen, Rechner aufklappen und los. Diese Zeit gehört mir. Es ist die perfekte Bedürfnisbefriedigung, werblich präzise auf den Punkt gebracht.

Vorbei mit der DB-Geruhsamkeit ist es dann am Ticketautomaten: Wer den programmiert, ist kein Menschenfreund. Nur zehn Minuten bis zur Abfahrt? Könnte knapp werden mit dem Ticket. Intuitive Nutzerführung ist hier auch nur ein Wort. Wer sich vertippt, wird mit einer gefühlten Ewigkeit bestraft, bis es an der richtigen Stelle weitergeht. Noch gemeiner ist die grafische Gestaltung: Statt der Sanduhr wie bei jeder ordentlichen Windows-Anwendung gibt es hier den Kreisel. Er kreiselt auf dem Display, während im Hintergrund der Zug einfährt. Bis er wieder abfährt, kann der Automat die Kreditkarte nicht lesen und nimmt ansonsten nur kleine Scheine. Nach diesem Start in die schöne Reise – im Profijargon dem in die Customer Journey – braucht es im Bordbistro zwei Weizen, um wieder in die Spur zu finden. Der Mensch gewichtet negative Produkterlebnisse deutlich mehr als positive. In diesem Sinne muss der höchstkritische Kontaktpunkt Ticketautomat dringend optimiert werden: Das schönste ICE-Erlebnis ist Schall und Rauch, wenn es während der Fahrt Diskussionen um den „Nachlösezuschlag" gibt.

Wir haben der Bahn schon vor 20 Jahren angeboten, für sie Bahn zu fahren. Und jede Woche zehn sofort umsetzbare Ideen für starken Service und noch stärkere Nutzerführung zu liefern.

Mobile Marken machen am eigenen Werkstor nicht halt.

„Wir machen den Weg frei": Die deutschen Volks- und Raiffeisenbanken sind genossenschaftlich und mit ihren jeweiligen

Filialen regional organisiert. Es gibt eine Volksbank Lahr, eine Raiffeisenbank Oberursel und eine VerbundVolksbank OWL. Das Prinzip – die Gemeinschaft, Nähe zum Kunden und die gefühlte Transparenz – ist ziemlich zeitgemäß. Ärgerlich wird es aber, wenn der Kunde zu oft Geld an den Automaten seiner Bank abhebt oder gar den eigenen Sprengel verlässt und bei einer anderen Volks- oder Raiffeisenbank in Deutschland Bargeld zieht. Da hat jedes Institut seine eigenen Regeln. Obwohl sie alle dasselbe Logo nutzen und auf dieselbe Fernsehwerbung referenzieren, hört die Markenharmonie bei den Kosten fürs Geldabheben auf. Und Selbstbedienung an den Automaten anderer Verbundinstitute kostet immer. So frei machen die Volks- und Raiffeisenbanken die Wege mobiler Menschen also doch nicht – zumindest nicht, was die Gebühren angeht.

Es ist wie beim Fliegen: Niemand will mehr was bezahlen, und dann ist das Wehklagen groß, wenn Tomatensaft und Geldabheben extra kosten.

Mobil geht heute anders. Die Amazons und Zalandos dieser Welt erziehen die Gesellschaft dazu, prompten Service zu erwarten. Und zwar 24/7 und kostenlos. Innerhalb einer gewissen Transformationsphase weg vom Bargeld und hin zu viel mehr Online-Transaktionen sind reifere Kunden bereit, für ihr Bargeld ein paar Meter zu laufen. Nicht akzeptabel ist hingegen, dass man in unterschiedlichen Regionen unter demselben Markenzeichen unterschiedliche Konditionen bekommt. Wer nationwide sein Markenversprechen postuliert, muss überall liefern. Alles andere kommt einem Bruch des Versprechens gleich.

Dazu, dass der Weg wirklich frei ist, gehört heutzutage auch, dass das Abheben kostenfrei ist. Sonst geht die junge, besonders attraktive Zielgruppe eben zur „Cashgroup" von Commerzbank, HypoVereinsbank, Deutscher Bank und Postbank. Diese undurchsichtigen Ungetüme erfahren zwar allgemeine Ablehnung, doch wenn es um den eigenen Geldbeutel geht, ist ein Konto bei denjenigen, mit deren Karte man überall innerhalb der Gruppe immer kostenlos abhebt, grade gut genug. Die DKB hat das Potenzial der besonders mobilen jungen Zielgruppe klar erkannt: Sie verlangt sogar fürs Abheben mit der Kreditkarte keine Gebühren, und das weltweit. Solange Paypal und Bitcoin noch nicht überall sind und noch nicht von jedem akzeptiert, ist das ein starkes Differenzierungsmerkmal. Die Zeiten ändern sich und mit ihnen ihre Menschen. Bei der Erfüllung ihrer Anforderungen an diejenigen, die ihr mobiles Leben begleiten, gibt es großes Potenzial für etablierte Marken.

DAS STEIGENBERGER GRANDHOTEL AND SPA HERINGS

„Sie können alle Homepages vergessen. Das dass unsere weiterempfehlen Freunde und kommen.“

UTURE-READY:

alle Kataloge,
lieser Welt
Wichtigste ist,
Gäste uns
und ihre
Bekannten

CARSTEN WILLENBOCKEL,
DIREKTOR

FERRERO
ValParaiso
TENGELMANN
€ 2.99
Sonderpreis
€ 1.50
170 g

MÜNCHEN

Maqui – was? Und wie funktioniert wohl „Heidelbeere auf Apfelbasis"?

Egal. Du siehst sowieso rot, weil Ferrero nun mal für Palmfett und Milchpulver steht und grade nicht für Frucht.

Endlich mal Konkurrenz für Merci-Schokolade, den bisherigen Weltmarktführer im Dankesagen.

WARNEMÜNDE

Herz schlägt Kopf: Für ein emotionales Anliegen zahlt der Kunde mehr, und im Ludwigsluster Industriegelände Nr. 7 kommen die Sanddornwinzer vor Lachen nicht ins Bett.

Swiss Life Select!

Swiss Life Select ist auf zeitgemäße Finanzplanung spezialisiert und hat gut 2.000 überwiegend hauptberuflich tätige Berater überall in Deutschland. Und durchaus bedeutende Wettbewerber. Auch das spornt dazu an, das eigene Profil immer weiter zu schärfen, um das eindeutig wahrnehmbare Gesicht in der Menge zu behalten; und dazu, den Vorsprung durch Qualität und Inhalt der Beratung weiter auszubauen. Vergleichende Werbung ist dabei nicht der Stil der Wahl, das legt auch der Code of Conduct fest. Stattdessen setzt man am Stammsitz in Hannover darauf, den gesellschaftlichen Auftrag klar zu definieren: die Kunden dabei zu unterstützen, ein längeres selbstbestimmtes Leben führen zu können. Der Hintergrund: „Aufgrund der demografischen Entwicklung geht die staatliche Absicherung immer weiter zurück. Privat vorzusorgen wird deshalb immer wichtiger, um Altersarmut zu vermeiden." Der das sagt, ist Leiter Marketing bei Swiss Life Deutschland. Kilian Wichmann kommuniziert mit 30 Kollegen, welche die dringlichsten Herausforderungen bei der finanziellen Absicherung sind – und vor allem sein werden. Und wie man die immer größeren Lücken bei den Sozialleistungen mit transparenter Beratung und passenden Angeboten am besten schließt. Allein das Szenario „Rente mit 70" bietet viel Stoff dafür.

Nicht bloß ein, vielmehr der Finanzdienstleister der ersten Wahl sein und vor allem bleiben. Dafür treten sie an. Wie schafft man das? Bei Swiss Life Select gelingt es mit dem „Persönlichen Finanzgutachten". Ein Garant für diese beste Lösung ist der Berater. Er schätzt mit dem Kunden dessen Situation valide ein und projiziert sie gemeinsam mit ihm in die Zukunft. Der zweite Garant ist die eigene Vergleichssoftware mit etwa 300 geprüften Produkten – Versicherungen, Kapitalanlagen, Immobilien –, aus denen er die besten herausfiltert. Das ist das Vorgehen nach dem „Best-Select-Prinzip". Dabei achtet der Mensch genauso wie der Algorithmus auf das eine, ganz Entscheidende. Kilian Wichmann: „Die ausgewählten Produkte passen optimal zur Lebenssituation und den finanziellen Verhältnissen des Kunden. Daran lassen wir uns messen." Wer im Brustton der ganzen Überzeugung eine solche Aussage trifft, verlässt sich auf die eigenen Stärken und schielt nicht auf die Konkurrenz. Die hat deutlich weniger Produkte im Portfolio, manchmal sogar nur eine Handvoll. Und die Banken und Sparkassen mit ihrer ebenfalls arg begrenzten Auswahl schließen sowieso immer mehr Filialen.

Im Grunde alles im grünen Bereich. Man ist seit 30 Jahren am Markt und wächst weiter, „gesund, zweistellig pro Jahr, im unteren Bereich. Unkontrolliertes Wachstum passt nicht zur sensiblen Branche". Wichmann und seine Leute wissen ganz genau, dass „im Grunde" nicht dafür ausreicht, zukunftsbereit zu sein. Die wichtigste Voraussetzung dafür, neben den Produkten, sind mehr Berater; und zwar die gut ausgebildeten, nachweisbar wissenden und spürbar wollenden. Eine besondere Spezies – freiheitsliebend, selbstorganisiert, intrinsisch motiviert. Nicht fest angestellt, stattdessen auf eigene Rechnung unterwegs. Aber nicht unter ihrem Namen, sondern unter dem Dach von Swiss Life Select. Sie sind der Ansicht, dass sie gemeinsam mehr für jeden Einzelnen erreichen als jeder für sich allein. Sie können dabei sein und müssen nicht. Dabei sind sie über ganz Deutschland verteilt, was den starken Zusammenhalt umso anspruchsvoller macht.

Solche Berater arbeiten ziemlich profitabel. Trotzdem ist es nicht leicht, weitere zu finden. Es liegt an Vorbehalten gegenüber der Branche; außerdem an Unwägbarkeiten, was die Entwicklung des Geschäfts angeht; und an Unsicherheiten darüber, ob man nicht – wenn schon, denn schon – doch lieber ganz für sich allein unterwegs sein soll. Dabei sind die Gelegenheiten günstig: die akute Lage vieler, endlich etwas tun zu müssen und zu wollen; die etablierte Marke Swiss Life Select; und dazu kommt, dass Berater bei den Banken und Sparkassen einiges bis dato Ungekanntes kriegen, wenn sie hierher wechseln: keine Vertriebsvorgaben, freie Zeiteinteilung, festes Vergütungssystem – und die Zeitpunkte der Beförderungen selbst bestimmen, unabhängig von einem nicht vorhandenen Vorgesetzten.

Dieses Unternehmen weiß, wofür es antritt, der gesellschaftliche Auftrag ist verstanden. Vor allem will es sich mit seiner Art und seinem Angebot abschließend emanzipieren von gewissen Urteilen, die bloß noch Vorurteile sind. Wie vermittelt man den angestammten genauso wie neuen Beratern noch plastischer, dass sie hier ein langes selbstbestimmtes Berufsleben haben? Wie gibt man bestehenden wie neuen Kunden noch spürbarer das Gefühl, hier ihre finanzielle Heimat zu finden? Und zwar beides gleichzeitig, zeitgemäß und vor allem zukunftsgewandt? Dafür reichen harte Ziele allein nicht mehr aus. Die sind naturgemäß vor allem zahlengetrieben. Sie sind rational, für den Kopf, einen und beflügeln nur bedingt. Ihnen fehlt das Emotionale, das fürs Herz, das den Menschen Antrieb dabei ist, über sich hinauszuwachsen.

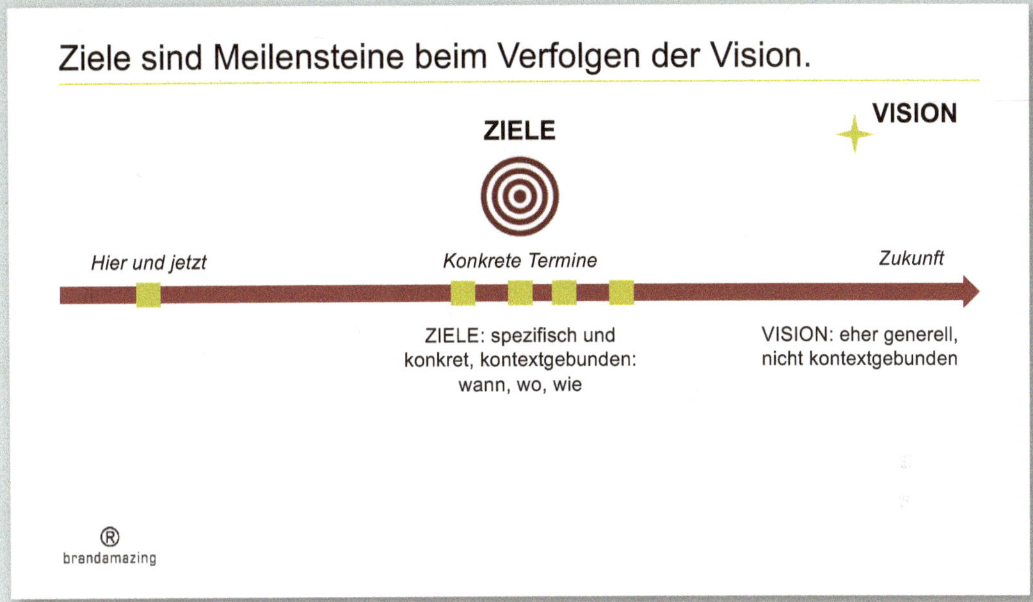

Es fehlt die gemeinsame Vision. Sie kleidet die Ziele in eine absolut begehrenswerte, so zeitgemäße wie zeitlose Botschaft. Sie ist, übersetzt in die Kommunikation genauso wie ins tägliche Handeln, der Ansporn für Berater, zu Swiss Life Select zu kommen. Und der für die Kunden, sich bei der finanziellen Absicherung bewusst für diesen Partner zu entscheiden und den ganzen Lebensweg mit ihm zu gehen. Die umsichtig aufgesetzte, langfristig gültige, von allen gelebte und erlebbar gemachte Vision ist der Leitstern für die nächsten 30 Jahre. Wichmann sagt, man hat sich in jüngerer Zeit stark weiterentwickelt und neu aufgestellt, auch durch die Repositionierung der Marke. Viele neue Berater sind an Bord. Dazu kommen die veränderten gesellschaftlichen Rahmenbedingungen. „Da haben wir das Gefühl, dass es innerhalb des Wachstumskurses an der Zeit ist, klar festzuhalten und uns darauf zu committen, wo wir hinwollen und was uns eint. Unsere Vision macht unsere Ziele greifbar und erreichbar: Es geht nicht um Zahlen, sondern um Menschen, die den Weg gemeinsam mit uns gehen."

Die Vision ist der Anfang von allem …

… auch des Marketings.

Klare Worte, klare Ausgangslage für die Vision. Maßgeblich ist, dass möglichst viele frühzeitig davon erfahren, dass sie entsteht; und auf dem Weg dorthin gehört werden. Was man mitgestaltet, trägt man später mit. Dabei dürfen allerdings nicht alle mitmachen. Sonst kriegt man, wenn man 2.000 Leute befragt, 2.001 Antworten. Der Spagat geht so: So wenige wie möglich, so viele wie nötig einbinden. Die wenigen decken alle Bereiche und Hierarchiestufen ab und verbreiten schon zu Beginn des Projekts die Botschaft, dass sich da etwas tut, das verständlicher, einender und motivierter macht. Die Münchner Managementberatung Brandamazing kommt an Bord. Es wird ein Visionsteam mit zwölf Kollegen gebildet. Mit dabei sind Geschäftsführer, weitere Führungskräfte, Berater und Vertriebs- und Marketingverantwortliche, alte Hasen und jüngere „auf dem Sprung". Sie arbeiten freiwillig mit im Maschinenraum der Zukunft von Swiss Life Select. Da muss das Dabeisein eine Ehre und darf es keine Bürde sein.

Das Projekt startet mit der Sensibilisierung und dem Involvement dreier zentraler Anspruchsgruppen – Visionsteam, altgediente Führungskräfte, ganz frisch an Bord gekommene Jungberater. Wie denken sie, was brauchen sie, was versprechen sie sich von einer Vision? Dafür müssen sie wissen, was das genau ist: Sie ist das, was man als den wünschenswerten „Idealzustand in der Zukunft" bezeichnet. Sie besteht aus positiven, emotional geladenen Vorstellungsbildern einer erstrebenswerten und zugleich erreichbaren Zukunft von Individuen, Gruppen und Organisationen. Und sie verleiht dem Handeln einen langfristigen und übergeordneten Sinn und ist somit stark identitätsstiftend. Unter dem Strich packt die Vision das Entwicklungs- und Wachstumspotenzial des Unternehmens in das einprägsame Bild von der Zukunft. Alle müssen spüren, was sie davon haben werden; wofür sie morgens aufstehen; warum sie das gemeinsam tun, was sie tun – und wie sie dadurch, dass sie dieses Gefühl leben, weitere Kunden und Berater dafür begeistern, sich ihrer Bewegung anzuschließen. Dafür gibt es starke Beispiele: das von John F. Kennedy – „We choose to go to the Moon"; das von Ikea – „Einen besseren Alltag für die vielen Menschen schaffen"; das von der TUI – „The world of TUI is the most beautiful time of the year". Auch viele Mütter und Väter haben eine ganz einfache, sehr eingängige Vision: „Meine Kinder haben eine bessere berufliche Ausgangslage als ich."

Die starke Vision ist langlebig. Sie übertrifft die Erwartungen und stachelt zum Verlassen der Komfortzone an. Sie wirkt vor allem nach innen und stiftet den Sinn für das Handeln. Und sie adressiert Sehnsüchte und spiegelt wider, was oder wie man sein möchte. Am wichtigsten: Die Vision ist kein Ziel. Vielmehr ist sie die immaterielle Ursache für alle materiellen Wirkungen. Diese Botschaften, verstärkt durch interaktives Arbeiten, den so wichtigen Geschmacksträger Humor und den Einblick in den Projektfahrplan, sorgen dafür, dass sich erste Neuigkeiten in der Organisation verbreiten: „Bei uns tut sich was!" „Da ist ein Team dran an etwas Neuem, die denken ziemlich groß!" „Ich bin gespannt, wie es weitergeht!"

Im nächsten Schritt wird der Kreis der Informierten und Involvierten größer. Die 200 Leistungsträger treffen sich zum Jahresmeeting auf Malta. Dort erfahren sie, was es bedeutet, Visionäre zu sein. Am Vormittag macht die Geschäftsführung die Ziele deutlich – die so wichtigen Zahlen, Daten, Fakten. Am Nachmittag geht es um den Antrieb dafür, die ansprechende Verpackung, die motivierende Sehnsucht. Die Leistungsträger erarbeiten ihre ideale Swiss Life Select der Zukunft: Welche ist dann die ideale Meinung von Kunden und Bewerbern, wie wird unsere Position sein, und was sagen dann im allerbesten Fall die Konkurrenten?

Dermaßen munitioniert macht sich das Visionsteam an die Arbeit. In zahlreichen Workshops wird entwickelt und verdichtet, verworfen, neu entwickelt und wieder verdichtet. Das Werkzeug der Wahl dafür ist der „Golden Circle". Er zwingt dazu, sich auf wenige, wirklich kraftvolle und sehr eingängige Aussagen zu beschränken. Je mehr sie so sind, desto besser werden sie später aufgenommen, erinnert und beherzigt. Der Kern des Golden Circle manifestiert das „Warum": Wofür treten wir an? Welcher ist immer und überall unser Beitrag dazu, dass es der Gesellschaft immer noch ein bisschen besser geht? Der mittlere Kreis beschreibt das „Wie": Auf welche Art und Weise bewerkstelligen wir das, was ist die Genetik unserer Arbeit? Und der äußere Kreis steht dabei für das „Was": Was ist das Ergebnis unserer Arbeit; was hat man davon?

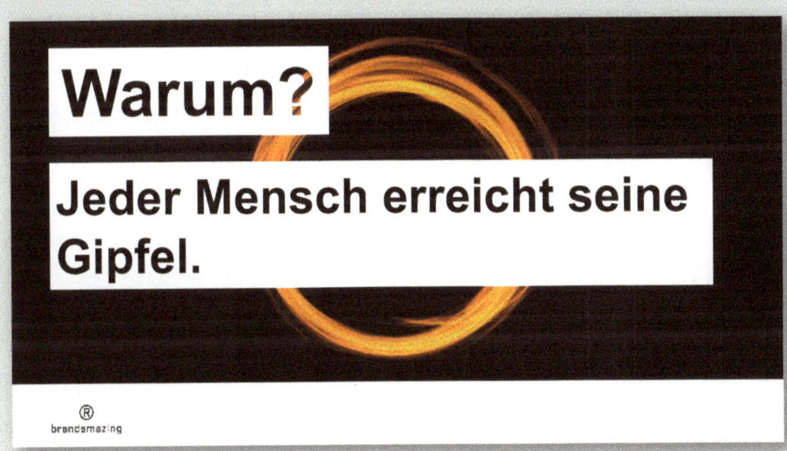

Swiss Life Select sorgt dafür, dass jeder das wahr macht, was für ihn zählt. Mit der Beratung genauso wie mit den ausgewählten Produkten und der weiteren Begleitung und Optimierung. Dabei sind die persönlichen Gipfel so individuell wie derjenige, der sie sich vornimmt. Sie können materiell (Haus, Auto, Reisen ...) genauso wie immateriell (Familie, Fortbildung, Auswandern ...) sein.

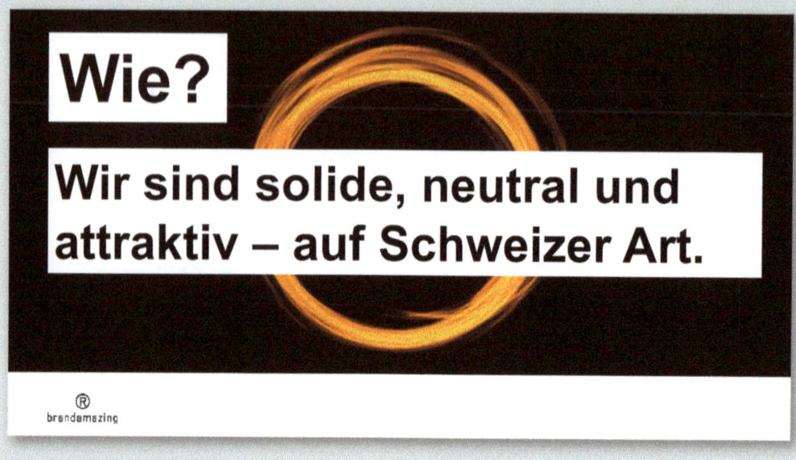

Swiss Life Select gehört zum Schweizer Swiss Life Konzern. Er ist seit über 150 Jahren auch in Deutschland präsent. Was liegt da näher, als sich den – vor allem auch in der Finanzwelt so attraktiven – Werten zu verschreiben, für die die Schweiz steht wie nichts anderes auf der Welt? Wer sie lebt, hebt sich von den Mitbewerbern ab und bekommt den Vertrauensvorschuss von immer mehr Beratern und Kunden – und löst ihn ein.

Das „Beste" ist für jeden etwas anderes. Wir bringen mit dem Kunden genauso wie mit dem Berater auf den Punkt, was das für ihn ist. Es geht immer um Finanzen und Absicherung, allerdings immer anders. Was für den einen wenig ist, ist für den anderen viel. Sie alle eint, dass das individuell Beste eines leisten muss: den Ansprüchen an ein selbstbestimmtes Leben gerecht zu werden – und zu ermöglichen, dass es auf gelassene, zuversichtliche Art dauerhaft so eintrifft.

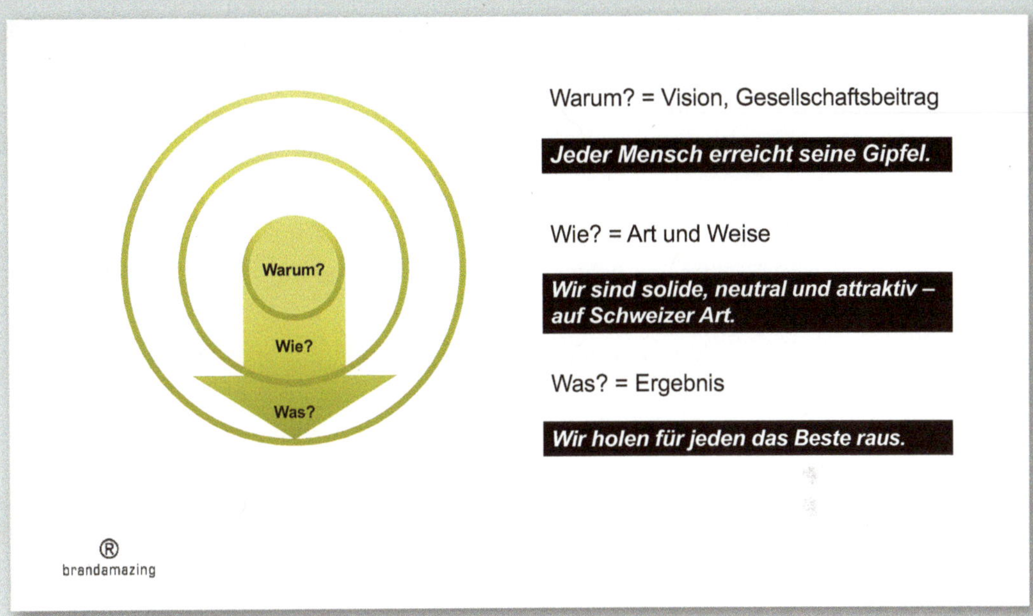

Der Golden Circle von Swiss Life Select

Wenige kraftvolle, zukunftsweisende Worte. Auf dem Weg zu ihrer Verabschiedung informiert die Geschäftsführung auf dem jährlichen Vertriebskongress alle Berater darüber, was in den Monaten seit Malta passiert ist. Das ist wichtig, damit Druck auf dem Visionskessel bleibt und die Spannung steigt. Hier sagen Fotos und Filme mehr als 1.000 Worte. Die schließlich vom gesamten Team abgesegnete Vision sehen die Führungskräfte zuerst; ihr Commitment ist besonders wichtig. Auf den Auftaktveranstaltungen des neuen Jahres erfahren schließlich alle davon. Sie werden informiert, vor allem involviert und ganz besonders betroffen gemacht. Die Message: „Jetzt liegt es an mir!" Jeder muss seinen Teil dazu beitragen, dass die Vision mit der Power der vielen gelebt und der von ihr beschriebene Idealzustand in der Zukunft wahr wird. Kilian Wichmann: „Besonders der einende Moment hat starke Kraft im Unternehmen. Wirtschaft funktioniert vor allem aus der Psychologie heraus. Unsere Erfolgsgeschichte braucht jetzt dieses Einende, Richtungsweisende. Es leistet einen substanziellen Beitrag zur Fortführung des Wachstums und wirkt positiv auf unsere Kultur und die Stimmung ein."

Nach der Entwicklung ist vor der Erlebbarmachung: Das Marketing hat jetzt die Aufgabe, die Vision mit kraftvollen Botschaften greifbar und fühlbar zu machen. Sie hält Schritt für Schritt Einzug in die Kommunikation. Dabei kommt intern vor extern: Zunächst müssen die Mitarbeiter in der Zentrale und die Berater da draußen verstehen, was das Unternehmen so besonders und zukunftsweisend macht. Bald darauf folgt die Werbung mit der eingängigen Symbolik und der Kraft starker Geschichten. Wenn all das wirkt, regt es dazu an, dass sich mehr Kunden bei ihrer finanziellen Absicherung auf Swiss Life Select, ihren Berater und die Produkte verlassen. Auch führt es dazu, dass mehr Berater hier ihre berufliche Heimat finden. Kilian Wichmann: „Wenn ich junge Berater nach zwei Jahren wiedertreffe und sie mit leuchtenden Augen davon berichten, dass sie jetzt Teamleiter sind, ist es wunderschön zu sehen, wie sie ihre Gipfel erklimmen." Jetzt sind sie echte Visionäre.

Nicht werfen, zerbrechlich
Oben
Wir wurden mit Liebe hergestellt,
bitte behandeln Sie uns auch so!
Lebkuchenherzen

BERLIN

Schöne Sache, macht Lust auf den Inhalt.
Aber es fehlt das in den sieben gängigen Weltsprachen für DHLer aller möglicher Couleur.

FRANKFURT

FELDHOFF & CIE.

So schöne Aussichten in der Immobilienwirtschaft, und dann so mieses Wetter ...
Besser als umgekehrt!

„Genuss" passt bei denen immer: Mit geschlossenen Augen weißt Du eh nicht, ob Du auf dem Burger oder auf der Schachtel kaust.
Ihr Genuss-stützpunkt!
Besuchen Sie uns auch im 1. Stock.
„Stützpunkt" – welch sperriges Wort! Ich denke da an einen Flugzeugträger. Lass mal weiterziehen zu KFC!

Das siehst Du, wenn Du auf Usedom im Steigenberger Heringsdorf massiert wirst.
Und im Strandkorb sieht Dein inneres Auge bestimmt die Massagebank …

wertgeschätzt!

Wer so richtig geliebt werden will, gerät vor lauter Kundenumgarnungs-Drive zuerst ins Schwätzen, dann ins Schwitzen. Manche Unternehmenskommunikation kommt da bald anmaßend aushorchend statt wertschätzend zuhörend daher. Bei übergriffigen Absendern ist die Reaktion der Adressaten so einfach wie final: All die Mails mit den ganzen Fragen nach der Meinung, der werten Zufriedenheit und den sonstigen Bedürfnissen sind schnell weggeklickt und gebündelt entsorgt, zuvor als Spam markiert. Die klugen Fragensteller unter den Gesprächspartnern und Unternehmen wissen das und stellen sich darauf ein, anstatt es auf gut Glück trotzdem zu versuchen. Dermaßen Zukunftsbereite doktern nicht auf der Inhaltsebene herum, sondern docken bei ihren Kunden auf der Beziehungsebene an: Das Herz ist der neue Kopf. Es interessiert sie wirklich, was einen umtreibt und was man denkt, fühlt, tut. Sie hören wirklich zu! Und sie kennen den Riesenvorteil, den man hat, wenn man Meinungen anderer schätzt und daraufhin

Dabei ist doch der Content der King, wie man allenthalben hört. Gelungene Ansprache muss deshalb so personen- und kontextbezogen wie inhaltsgeladen sein und darf nicht auf funktionale Aspekte reduziert werden.

die eigenen Einstellungen überprüft und justiert. Wer so handelt, weiß um den Wert seines Gegenübers und orientiert sich wirklich an dessen Bedürfnissen. Wie geht es ihm, und was braucht er? Wie können wir seine Wünsche am besten befriedigen? Passt ihm ein Gespräch oder eine Kontaktaufnahme jetzt, oder ist es zu einem anderen Zeitpunkt besser? Er verhält sich respektvoll und feinfühlig. Mit dieser Haltung dringt er durch den Lärm der Angebote durch und kriegt die Chance, in der Gegenrichtung ebenfalls erhört zu werden. Einfach, weil der Empfänger die Suche nach Nähe als echt empfindet und sie zulässt, sodass sie wahr wird.

Jeder weiß, wie gut es tut, wenn sich der Hausarzt ernsthaft nach dem werten Befinden erkundigt. Er fragt es zugewandt und schaut mir dabei in die Augen. Er erinnert sich an den letzten Termin vor längerer Zeit, weiß noch, weshalb ich bei ihm war, und das eine oder andere Detail. Er hat im Kopf, was er mir verschrieben hat. Er mag sich damals Notizen gemacht und sie vor diesem neuen Termin durchgelesen haben. Das spricht umso mehr dafür, dass er wertschätzend und aufmerksam bei der Sache ist. Solch ein Arzt ist geschätzt und wird gern weiterempfohlen.

Echtes Interesse im Geschäftsleben bekundet der Gesprächspartner, wenn er beim Wiedersehen Monate nach dem letzten Meeting daran anknüpft, was damals Thema war. Er fragt, wie es mir seither ergangen ist. Sagt, er habe über das Besprochene nachgedacht und jetzt eine Idee, einen Vorschlag … Ist er mein Lieferant oder Dienstleister, bin ich nun offen für sein wohlmeinendes Angebot. Selbst der an sich so anonyme Onlineshop, der sich die Mühe macht, mich zu kennen und zu verstehen, verschafft sich auf diese Weise eine große Chance: Der gut informierte Mitarbeiter in der Hotline weiß, was ich wie oft kaufe. Er ruft mich zurück, holt mich auf der Beziehungsebene ab und bietet einen Nachlass bei Einmalzahlung oder faire Raten. Was er sagt, entspricht meinen

Stärkere These: Wer auf der Beziehungsebene punktet, hat Rabatte überhaupt nicht nötig.

Konsumgewohnheiten und meinen finanziellen Möglichkeiten. Er macht mich so zum Stammkunden, sogar zum Fan.

Kooperativ denkende und handelnde Unternehmen haben den Schlüssel zur Zukunft.

Manche Unternehmen beteiligen ihre Kunden sogar an den Überlegungen und Entstehungsprozessen, bevor sie eine Dienstleistung oder ein Produkt auf den Markt bringen. Der Kunde denkt und entwickelt mit. Echtes Interesse schmeichelt ihm, und so genügt ihm die eher symbolische Entlohnung – als Nachlass oder Gutschein – dafür, dass er seine Expertise einbringt. Gefragt zu werden macht stolz und verbessert die Identifikation mit diesem Unternehmen. Dieser ideelle Lohn wiegt viel mehr als Geld. Der Mitmacher wird Teil dieses Future-ready-Unternehmens, und das neue Produkt auf dem Markt ist für ihn dann „mein Produkt". Mehr Verbundenheit geht nicht.

> *Er zahlt sogar mehr, wenn er mitmachen darf. Das wissen wir, seit es Erdbeeren zum Selberpflücken gibt. Die sind oft sogar teurer als die, die schon hübsch drapiert im Körbchen liegen.*

Mitglieder sogenannter Co-Creation-Communities sind heiß umworben. Der Konsumgüter-Konzern Procter & Gamble hat eine auf pgconnectdevelop.com und der Mineralöl- und Erdgaskonzern Shell mit dem „Gamechanger Programme" (shell.com/global/future-energy/innovation/innovate-with-shell/shell-gamechanger.html). Die Einbeziehung der Crowd verspricht nicht weniger als das gemeinsame Verändern der Spielregeln, wie Innovation, Produktentwicklung und Wirtschaften funktionieren. Diese und viele andere Unternehmen wollen User an die Marke binden und dazu motivieren, neben ihren wertvollen Daten auch gleich ihre tollsten Ideen dazulassen. Bestens läuft das beim Kosmetikunternehmen Manhattan: Auf der Facebook-Fansite sowie einer Crowdsourcing-Plattform wendet man sich mit dem Wettbewerb „Community Colours" für neue Nagellackfarben an die „Freundinnen des Hauses". Unterstützt wird die Aktion

Clever. So wird der Kunde schon vor dem Kauf zum psychologischen Mitbesitzer des Produkts. Und was man erst mal besitzt, erscheint wertvoller und damit preiswürdiger.

durch „User Innovation Toolkits", die ausgewählten Community-Mitgliedern nach Hause geschickt werden. Damit können sie ihren eigenen Lack mischen und so ihre Ideen verwirklichen. Das Ergebnis: 1.600 selbst gemischte Nagellacke, und 20.000 User stimmen darüber ab, welche die schönsten sind. Die Gewinner kommen in den Handel, und die von der Crowd entwickelte Nagellack-Kollektion ist auch am PoS ein voller Erfolg. Ganz nebenbei arbeitet Manhattan mit dieser Integration großer Teile der Zielgruppe intensiv am Image. Man betreibt Markenaufbau und Online-Reputationsmanagement, on top Marktforschung der smarten, innovativen Art. Näher kann man sein Ohr nicht am Markt und an den Mündern der Markenfans und potenziellen neuen Käufer haben als mit dem cleveren Einbeziehen der Fans. Wer so agiert, stellt seinen Entwicklern jemanden zur Seite, der auf der einen Seite kritischer, auf der anderen Seite mutiger ist als alle Kollegen in Management, Marketing und Vertrieb zusammen: den Kunden.

Dass es von Haribo blaue Bären mit Heidelbeergeschmack gibt, ist allein den Kunden zu verdanken. Die Firma Hans Riegel Bonn würde sich so was Revolutionäres eher nicht trauen, auch nicht nach umfangreicher Marktforschung. Zu sehr sind die bewährten Farben in den Köpfen, zu groß ist das Risiko, einen Flop zu landen. Lieber stellt man den Fans online sechs Wochen lang jede Woche zwei denkbare neue Geschmacksrichtungen vor und bittet zur Abstimmung. Raus kommt die „Fan-Edition" mit Kirsche, Grapefruit, Wassermelone, Waldmeister, Aprikose und eben Heidelbeere. Befeuert durch kreative Erstverkaufsmaßnahmen wird sie ein voller Erfolg. Der Coup schafft vor allem eines: die mit dem Ende der Thomas-Gottschalk-Ära angestaubte Marke zurück ins Relevant Set, den relevanten Kreis der besonders spaß- und konsumorientierten jungen Zielgruppe, zu bringen. Da finden sich all die Produkte, die es schaffen, vom Verbraucher gezielt nachgefragt und gekauft zu werden. Bully Herbig, Nachfolger von

Thomas Gottschalk als Haribo-Visage, schafft das gerade bei der besonders attraktiven Zielgruppe der 12- bis 25-Jährigen alleine nicht: Die wissen gar nicht, wer das ist.

Big fail deshalb: Als „Der Schuh des Manitu" lief, war diese heute wichtigste Zielgruppe noch nicht mal geplant. Keine gute Voraussetzung für das Heranziehen nachwachsender Influencer!

Wer seine Kunden für gute Ideen bezahlt, läutet die nächste Runde in der Kundenbindung ein.

Noch genügt es für solche Bindungsaktionen, dass Anbieter den Abstimmenden und Mitmachern das gute Gefühl geben, mitentwickeln und mitentscheiden zu können. Inzwischen sind unzählige Ideensammler und Wettbewerbe online. Deshalb beginnen einige Unternehmen damit, sich für ernsthaftes Mitmachen mit mehr zu bedanken als nur mit Ruhm und Ehre. Der Werkzeughersteller Wera tauscht sich in seinem Anwenderforum mit rund 60 „Lead Usern" – Profi Handwerkern, Maschinenbauern, Dachdeckern und Kfz-Mechanikern – aus. „Wir vertreiben unsere Werkzeuge größtenteils über den Handel, da ist es schwierig, an die Endkunden zu kommen. Unsere Großhändler stehen selten in direktem Kontakt mit dem Endanwender", sagt der Geschäftsführer Michael Abel. Die Profis testen auch Prototypen und geben direkt und unverblümt Rückmeldung. Für ihr Engagement bekommen sie vergünstigte Produkte. Führt es zur Entwicklung eines neuen Produkts, gibt es laut der schriftlichen Anwendervereinbarung eine Vergütung. Einige Tausend Euro für eine umsetzungsfertige Idee sind eine Investition, die sich für das Unternehmen schnell amortisiert und obendrein Kunden zu Fans macht. Denn wer so ist, wird geschätzt – sogar geliebt, als das, was alle sein wollen: eine echte Love Brand.

Wer future-ready ist, braucht beim Digitalisierungs-Hype nicht alles aktionistisch mitzumachen – vor lauter Sorge, etwas zu verpassen. Im Netz ist die ganze Aufregung inzwischen ziemlich vorbei, und Social Media verkommen zur digitalen Kaffeefahrt.

Wie wahr! Je mehr sinnvolle und erfüllende Dinge man tut, desto unwichtiger ist Facebook.

Das Ranking beim Ausdrücken von Zuneigung: 1. der Like, 2. der Comment, 3. der Share. Der Like ist nichts mehr wert, beim Kommentieren kommt nur noch Unsinn raus (solange die Meinungen nicht sowieso bestellt und bezahlt sind), und geteilt wird fast nichts. Die Online-Welt hat die Wahrnehmung der Offline-Welt kaputtgemacht. Was jetzt noch bleibt, sind Demut, Respekt, Ehrlichkeit und Echtheit. Wie vorher auch.

Es gibt Firmen, die sind da schon immer vorn dabei – und sind und bleiben digital ganz bewusst ganz hinten. Wie das geht, macht die Augustiner-Brauerei idealtypisch vor: Es gibt zwar eine Website, aber die ist so langweilig, dass es eine wahre Wohltat ist. Das HTML-Gemenge stammt aus irgendeinem ersten Semester an irgendeiner Fachhochschule, und der Texter geht lieber eine Halbe heben, als lange zu texten: „Während ihrer wandelvollen Geschichte hat die Augustiner-Bräu Wagner KG Kriege, eine Privatisierung und viele Erweiterungen und Innovationen erlebt – und dabei immer ihre Firmenphilosophie gewahrt: Uns geht es um die herausragende Qualität unseres Bieres, um Tradition und um unsere Münchner Wurzeln. Unsere Wirtschaften und Biergärten – darunter der Augustiner-Keller und der Hirschgarten – sind Stätten Altmünchner Geselligkeit und Gemütlichkeit. Unser Augustiner-Bier ist während der vergangenen sieben Jahrhunderte zu einem Stück Münchner Kultur geworden. Und darüber freuen wir uns sehr." Mit alldem hat er nicht nur recht, sondern sogar senkrecht. Mehr Potenzial dafür, geliebt zu werden, kann man nicht haben. Aber dadurch immer noch mehr Fans. Die erzählen dann anderen davon – und empfehlen liebend gern weiter.

Das stimmt nur für Deine Biertrinker-Generation. Ein Millennial wischt eine derart komplexe Ansage vom Smartphone und lässt sich seine Biermarke lieber im Youtube-Tutorial empfehlen.

Unternehmen, die wertgeschätzt werden, wissen darum und fördern gekonnt die Einstellung ihrer Kunden.

Augustiner ist auch in Norddeutschland auf dem Weg zum Kultbier, und das ganz ohne Werbung. Die nicht vorhandene Presseabteilung schreibt auf Anfrage: „Wie Sie wissen, betreibt die Augustiner Brauerei keine Werbung oder Kommunikation im klassischen Sinn. Unser Fokus ist die Qualität unserer Biere." Die aus der Landsberger Straße 31–35 in 80339 München werden so geschätzt, weil die Flaschen so aussehen wie immer. Die anderen Brauereien mühen sich für all ihr Anderssein mit eigens designten schlanken, knubbeligen, grünen, geprägten, bügelverschlossenen Individualflaschen. Und Augustiner bleibt bei der braunen Normflasche, 0,33 und 0,5 Liter, und hebt sich damit erst recht ab von all dem neumodischen Gedöns. Das würde auch nicht zum unbedingten Gefühl von Heimat passen. Nur um zu wachsen, machen sie keine Experimente, verwässern schon gar nicht die Marke – und wachsen dennoch, vielmehr gerade deswegen, gegen den Trend. Paulaner, Hacker-Pschorr, Löwenbräu und Spaten gehören schon lange Konzernen, Augustiner aber denen, denen es schon immer gehört. Der Liebhaber mag das, und er schmeckt es auch, irgendwie. Sicher auch, weil sie hier das Malz in der europaweit einzigen Tennenmälzerei selbst herstellen und nicht wie die anderen fertig einkaufen. Das lohnt sich, grade weil es so aufwendig und so wenig ertragreich ist.

Wertschätzung ist immer en vogue und alles andere als ein Hype. Sie braucht den wertvollen Umgang und darf nicht zu stark befeuert werden. Es geht um etwas, das man umso besser nachvollziehen kann, wenn man die Antwort von Georg Riedel, Seniorchef der Glasbläserei, auf die Frage liest, was ein Riedel-Glas denn von einem normalen Glas unterscheidet: „Dass es von Riedel ist." Wer diese schöne rotspongeladene Schwere im Gefühl seiner Kunden noch nicht vorzuweisen hat, tut gut daran, seine Markenidentität zu justieren: Geht es wirklich noch um das Produkt oder schon um etwas ganz anderes, viel Relevanteres, Zeitgemäßeres? Der Kindersitzhersteller Britax-Römer hat das, was es ist, neu definiert und damit beste Voraussetzungen dafür geschaffen, von der Zielgruppe geliebt zu werden, die nur eines interessiert: trotz Kind mobil zu sein. Der veränderte Markenkern als ultimativer Nutzen lautet „Freiheit im Alltag", und alle Produkte und Botschaften ordnen sich ihm unter. Sie vermitteln glaubwürdig das Engagement für die veränderten Bedürfnisse von Eltern kleiner Kinder und unterstreichen den gewollten Status als „Marktführer im Bereich Mobilität für Kinder". Das wird hochgradig gemocht. Wer will als junge Familie mit tausend Fläschchen, Lätzchen, Kekschen im Gepäck nicht mobil bleiben? Eine Positionierung bloß als schöner, funktionaler Kindersitz springt da viel zu kurz.

Coole Werbung bei Swiss Life im Headquarter.

MÜNCHEN

Ganz ohne „Best Ager" und „Silver Surfer": So fühle ich mich auch mit 78 angesprochen.

20%
3.95
statt 4.95
Heidelbeeren (ohne Bio),
Schweiz/Niederlande/Polen,
Packung à 250 g
(100 g = 1.58)
HC 16
34/16

BURGDORF

Kann schon deshalb nicht bio sein, weil die Beere durch drei Länder muss. CO_2-Footprint und so …

Die wird ja gefahren. Wie geht eigentlich „mit bio"?

Einhell!

Wer future-ready ist, sagt, was er denkt, und tut, was er sagt: „To walk the talk" – klaren Worten eindeutige Taten folgen lassen. Viele Unternehmen behaupten, so zu handeln. Dabei ist es immer die Sache der anderen – Händler, Kunden, Empfehler –, festzustellen, ob es tatsächlich auch so ist. Einhell ist doch auch nur ein Anbieter von Rasenmähern und Kettensägen, Gartenpumpen und Schlagbohrmaschinen, Tischkreissägen und Fliesenschneidmaschinen! Und die sind im Baumarkt wie im Fachhandel ziemlich preispunktpositioniert; in Deutschland genauso wie in Australien, Südafrika wie in Brasilien, Russland ebenfalls. Irgendeine Konkurrenzmarke fährt immer eine kampfpreisartige Promotion. Was soll da den Hobby-Heimwerker wie den Semiprofi dazu anregen, hier genauso gezielt nach Einhell zu fragen wie in der Apotheke nach der Apotheken-Umschau, im Drogeriemarkt nach Tempo und im Getränkeshop nach Tegernseer Hell? Dass man Marktführer bei Rasenmähern und stationären Geräten zur Holzbearbeitung wie Kreis-, Kapp- und Gehrungssägen ist, reicht dafür allein nicht aus.

Es geht vielmehr um diese unwiderstehliche Begehrlichkeit, die einer Marke erst das Gesicht in der Menge all ihrer Konkurrenten gibt. Bei Einhell klappt das immer schon ganz gut: seit 1964 am Markt, zunächst mit Baustromverteilern und Gartengrills made in Landau an der Isar, in den Siebzigern international aufgestellt, in den Achtzigern an die Börse. Und seit den Nullerjahren die konsequente Orientierung hin zur Marke, damit es sehr gut klappt. Genügt das alles, um wirklich bereit zu sein für die Zukunft? Andreas Kroiss sagt Nein. Er geht in Landau voran – seit 2002, für über 40 Ländermärkte, etwa 1.400 Mitarbeiter und deutlich über

500 Millionen Euro Umsatz. Der Vorstandsvorsitzende will mehr in diesem hart umkämpften Markt: Er will das Original sein! Bloß mit kraftvolleren und länger haltbaren bürstenlosen Motoren gelingt das nicht; die haben andere auch. Nur mit der längeren Garantie, wenn man sein Gerät online registriert, geht es ebenfalls nicht; die haben andere auch. Und mit Auszeichnungen à la „Qualitätsmarke" oder „Marke des Jahrhunderts" geht das erst recht nicht; so was gibt es überall für alles.

Vielmehr geht es, wenn all diese Faktoren – und darüber hinaus das unverwechselbare Produktdesign, das wettbewerbsfähige Preis-Leistungs-Verhältnis und der die Erwartungen übertreffende Service – zusammenspielen und auf die Begehrlichkeit einzahlen, die alle haben wollen und nur wenige bekommen. Der Anspruch: qualitative Positionierung auf Augenhöhe mit den allseits bekannten Topmarken; bei einem Preis von 25 bis 30 Prozent unter deren Niveau. Das gelingt immer noch besser, seitdem in der Einhell-Welt die Begehrlichkeit fürs Herz zuerst kommt und erst dann die Produkte mit den ganzen Leistungsdaten für den Kopf. Das Resultat: „Wir haben uns in den letzten Jahren so aufgestellt, dass wir uns mit unseren Sortimenten und unserer Organisation vor keinem A-Marken-Wettbewerber verstecken müssen." Dafür wird Einhell zum starken Geschichtenerzähler, vor allem online. Für den CEO haben die Kommentare der User zehnmal so viel Gewicht wie bloße Werbung: „Wenn Sie viele gute Bewertungen haben und guten Content mit emotionalen Bildern und Videos, dann haben Sie zudem noch gute Rankings."

Guter Content ist erst unterhaltsam, dann informativ. Er wird gern gelikt und gern geshart. Damit es so kommt, sind auf Youtube die „Möglichmacher" unterwegs: Auf der einen Seite der Altkluge mit dem Feinkostgewölbe und dem coolen Spruch, in Haus und Garten macht er alles mit Kraft; auf der anderen die schlaue Blonde, sie hat die Einhell-Akku-Technik und zeigt dem Grobschrot, wo der Hammer hängt. Die Storys sind so lebensnah wie humorvoll – und darum erstklassige Geschmacksträger für den Kern der Marke. Sie machen handgeführte und stationäre Werkzeuge genauso wie Gartengeräte im Internet fühlbar und begreifbar. Und sorgen so dafür, dass Einhell ins Spiel kommt, wenn die Kaufentscheidung fällt. Diese Art der Markenorientierung führt vor allem dazu, dass die seit Jahren steigenden Umsätze nicht aus Aktionsgeschäften mit Discountern und mit Eigenmarken stammen, sondern „aus der ständigen Bearbeitung und Weiterentwicklung unserer strategisch wichtigen Vertriebskanäle Baumarkt und Online, immer mehr auch Fachhandel".

Bei Einhell gibt es zwei maßgebliche Treiber für geplanten Erfolg: Der eine ist der dezidierte Marketing-Rahmenplan mit 60 Seiten. Er gibt der Marke die klare Richtung und feste Leitplanken genauso wie den breiten Entwicklungsraum innerhalb dieser Grenzen; vor allem dafür, die Mitarbeiter mit den Markenattributen zu infizieren. Der andere ist der große Scoop von Landau – „Power X-Change": kein Benzin und kein Stromkabel mehr, stattdessen ein Lithium-Ionen-Akku und ein Ladegerät, für schon etwa 80 Geräte aus dem Produktprogramm, die Auswahl wird immer größer. Der Akku passt in jedes Gerät – den Vertikutierer für mehr als 400 Quadratmeter Rasenfläche, den Handstaubsauger, die Kettensäge, den Schlagbohrschrauber, den Laubsauger, den Rasenmäher, den Winkelschleifer ...

Power X-Change ist das – inzwischen sehr erwachsene – Baby von Andreas Kroiss und Markus Thannhuber, dem Sohn des Gründers. Der ist promovierter Physiker und Technik-Vorstand. Diese Kombination aus einem entschiedenen Macher und einem queren Denker im eigenen Haus hat Kraft. Die zwei glauben fest an eine Sache, ertüfteln sie bis zum Ende, das der disruptive Anfang von etwas radikal Neuem ist. 2008 fängt es mit dem Blick auf

Australien an. Dort sind die Hersteller mit Akku-Geräten schon ziemlich weit. Beim CEO reift die Idee für ein eigenes wegweisendes System, und der Forscher ist herausgefordert. Zwar haben Wettbewerber in Europa auch schon Akkus, aber mit unterschiedlichen Voltstärken für unterschiedliche Geräte. Kundenfreundlich ist das nicht, der Plattformgedanke nicht sauber gespielt. Der Anspruch bei Einhell: „Wir machen die Technik salonfähig und gestalten sie für den Kunden so, dass er damit den größten Benefit hat: alles, was im Haus anfällt, mit einem einzigen System-Akku erledigen." Walk the talk: Dr. Thannhuber entwickelt ein Balancing-System, das den Akku auch bei maximaler Belastung schützt – ohne Memory-Effekt und Selbstentladung. Er hält entschieden länger und schont dadurch besonders glaubwürdig Umwelt und Ressourcen. Jetzt passt ein Akku-Typ in alle Geräte, mit immer 18 Volt und, je nach gewünschter Leistung, unterschiedlichen Ampere.

Keine komplett neue Erfindung, doch für diverse Patente reicht es allemal. Damit ist die Zukunft der Energieversorgung für handgeführte wie stationäre Gartengeräte und Elektrowerkzeuge da. Und die Zukunftsbereitschaft von Einhell. Andreas Kroiss geht davon aus, dass in zehn Jahren in der Werkstatt und im Garten niemand mehr mit Kabel arbeitet und 60 Prozent weniger Benzingeräte in Gebrauch sind. Damit es so kommt, ist man Vorreiter in Landau und von hier aus in der Welt. Game-Changer Power X-Change: „Wir vollziehen den Strategiewechsel vom Fast-Follower zum First-Mover und Category-Leader." Hinter den Kraftausdrücken stecken harte Fakten, die schon jetzt Beweiskraft haben: Der erste Nass-Trocken-Sauger mit Akku kommt von Einhell und nicht von Kärcher, der erste Akku-Laubsauger ebenso und nicht von Bosch. Mit der Belegschaft hat er eine für seine Verhältnisse eher konservative Wette laufen: sechs Millionen verkaufte Akkus bis 2020. Er legt noch einen drauf: 12 Millionen bis 2024. Wie viele es aktuell sind, zeigen die großen Bildschirme in der Zentrale, in Realtime.

Damit Power X-Change tatsächlich die Gärten, Haushalte und Werkstätten dieser Welt erobert, geht der CEO den entscheidenden Schritt weiter – Offenheit statt Abschottung, von der Plattform zum Standard. Das ist so clever, wie es erst recht future-ready macht: „Wir laden andere Hersteller zum Mitmachen ein und geben dafür unsere Geheimnisse preis. Warum soll es nicht auch E-Bikes mit unseren Akkus geben?" Einer der ersten Partner ist bereits an Bord und im Bereich Küche und Floorcare zu Hause. Wer so kompromissfrei nach vorn geht, muss die Führungskräfte und die gesamte Belegschaft hinter sich wissen – und selbst eine profilierte Human Brand sein. Auch hier ist Andreas Kroiss entschieden: „Ich vertrete immer meine Position und lasse mich nicht verbiegen, setze mich immer durch. Wenn jemand glaubt, er kann's besser, soll er's machen." In den zwei Jahrzehnten bei Einhell schafft er die Batterieladegeräte, Garagentorheber und Gewächshäuser made by Einhell ab: „Jetzt sind wir alle auf Linie."

Dieser CEO ist von der Sorte, die klar ist in der Sache, schnell in der Entscheidung und nahbar auf Augenhöhe. Und mit der Zeit geht: „Ich habe mich in zehn Jahren komplett gedreht, denke heute zu 100 Prozent positiv. Mein Geist erinnert mich sofort, wenn ich Mist denke, dann schalte ich um. Ich habe heute eine ganz andere Aura, wenn ich in ein Gespräch gehe." Wer ihn erlebt, bemerkt, was sie ausmacht. Zum Wandel gehört regelmäßiges Yoga genauso wie die negative Erfahrung: „2013 war ein schlechtes Jahr. Wenn man smart ist, lernt man in solch einer Phase am meisten." Außerdem die Hinwendung zum kollaborierenden Arbeiten. Da befragt die Organisationspsychologin die Leistungsträger, was gut und was eher schlecht läuft. Der Boss wählt die fünf negativsten Dinge aus und bespricht mit allen, wie es besser geht. „Früher habe ich erst vieles entschieden und dann informiert. Heute machen wir das gemeinsam."

Power X-Change macht die Story rund und die endgültige Orientierung weg von der Preispunkt-, hin zur Markenorientierung komplett: jetzt erst recht „Markenqualität zum besten Preis". Damit das dauerhaft gelingt, muss die Marke immer wieder neu zuerst die Entscheider und Verkäufer bei den Händlern mitten ins Herz treffen – damit diese dann, mehr als bloß angetan und mindestens begeistert, dafür Sorge tragen, dass sie die Kunden ins Herz trifft. Kroiss setzt auch hier auf die Kraft der vielen: „Heutzutage sind Lieferant und Kunde eher Partner und überlegen gemeinsam, wie sie zusammen mehr an den Endkunden verkaufen." Zuvor kommen allerdings die Meinungsmittler schlechthin, ohne die nichts geht: die Mitarbeiter. Jeder kriegt ein Power X-Change-Gerät geschenkt, im Jahr darauf zwei. Das führt dazu, dass die Kollegen voll und ganz hinter den eigenen Produkten stehen, und sich nicht mehr, was früher durchaus vorkommt, Produkte von Bosch kaufen. Es infiziert neue Kollegen vom ersten Tag an mit dem Look, Touch und Feel: „Wer die Menschen mit den Akku-Geräten arbeiten sieht, stellt fest, wie viel Spaß es ihnen macht."

Sie erleben die Vision, festgeschrieben in der Marken-Persönlichkeit: „Mindestens ein Akku und ein Power X-Change-Werkzeug oder -Gartengerät in jedem Haus / jeder Wohnung mit Garten." Die Mission als klarer Auftrag auf dem Weg dorthin: „Einhell ist die Marke für alle Arbeiten in und um Haus und Garten. Mit unserem einzigartigen PXC-System geben wir unseren Kunden kabellose Freiheit und Vereinfachung und werden damit zum ‚Synonym' für Akku-Wechselsysteme." Dafür verschreibt man sich den Unternehmenswerten „global agieren", „langfristig denken", „partnerschaftlich arbeiten", „Kunden begeistern" und „solide wirtschaften". So etwas ist schnell geschrieben und muss stetig nachgehalten werden. Es fängt bei den Mitarbeitern an und darf, einmal angefangen, nicht mehr aufhören. Sie müssen fühlen und verstehen, was den dominanten Markenkern „persönliche Freiheit und Ungebundenheit" mit dem klaren Führungsanspruch ausmacht; und ihn überall erlebbar machen – in der Entwicklung genauso wie beim Produktdesign, im Vertrieb wie beim Service, überall auf der Welt. Der Weg dorthin dauert Jahre, nicht Monate. Bei Einhell weiß man das.

Wie ein CEO als Schrittmacher des zukunftsbereiten Unternehmens sein muss? Andreas Kroiss sagt: „Es ist nur möglich, ein Unternehmen zu führen, wenn man weiß, was an der Basis passiert. Deshalb verbringe ich sehr viel Zeit im Markt, mit meinen Vertriebsleuten und beim Kunden, und zwar international." So versteht er, was die Kunden wollen. Wie muss er noch sein? „Er muss im Team eine klare Strategie erarbeiten und mit den Führungskräften dafür sorgen, dass sie allen Mitarbeitern bei jeder Gelegenheit nahegebracht wird." So weiß jeder, was er zum Erfolg beiträgt, und macht es gern. Und was muss noch passen? „Das Management muss sich einig sein und in dieselbe Richtung gehen. Vor allem muss es die positiven Nachrichten ins Unternehmen tragen."

Der Name ist Programm. Ich nehme auch einen – von der Bratwurst.
Fleischerei RINGL
BRATWURST
Spezialitäten
EXTRAWURST
ohne Mehl
Wer mit so viel Liebe Schilder malt – was tut der erst in die Extrawurst?

WIEN

YOUR STORY
Nichts ist inspirierender als ein leeres Blatt Papier...

Schöner Ansatz: In Köln machen die Gäste mit beim Geschichte-schreiben.
In einem Restaurant, das „Eleven Stories" heißt, muss der Name ja Programm sein.

„Unsere Visio
Ziele greifba
Es geht dabe
Zahlen, sonder
Menschen, di
gemeinsam mi

SWISS LIFE SELECT IST FUTURE-READY:

macht unsere und erreichbar: nicht um die um die den Weg uns gehen."

KILIAN WICHMANN,
LEITER MARKETING SWISS LIFE DEUTSCHLAND

ein-fach!

„brian, i thought of a way to make a few bucks - turning our place into ‚designers bed and breakfast' – offering young designers who come into town a place to crash during the 4 day event, complete with wireless internet, a small desk space, sleeping mat, and breakfast each morning. Ha! joe"

Und jetzt auf Deutsch: „Brian, ich habe eine Idee, wie wir uns ein paar Dollar dazuverdienen können: Wir machen aus unserer Bude ein „Bed & Breakfast für junge Designer" – einen Ort, an dem sie an dem 4-tägigen Event abstürzen können, komplett mit WLAN, einem kleinem Schreibtisch, einer Matte zum Schlafen und Frühstück jeden Morgen. Ha! Joe"

Die Mail von Joe Gebbia an Brian Chesky zündet am 22. September 2007 eine der größten Erfolgsgeschichten der jüngeren Wirtschaftsgeschichte: Airbnb. Hintergrund ist eine Design-Konferenz in San Francisco, und alle Hotelzimmer sind ausgebucht. Ein Fremder baut seinen kleinen Kunst-Flohmarkt vor der Wohnung des Designstudenten Joe auf. Der kauft ihm ein Kunstwerk ab. Die beiden kommen ins Gespräch und gehen auf ein Bier: Der redselige Kunstfreund tourt gerade durch die Staaten und ist für die Nacht noch ohne Bleibe. Soll Joe diesen Hilferuf ignorieren oder ihm einen Schlafplatz anbieten? Schließlich gibt er ihm die sagenumwobene allererste Luftmatratze und sein Wohnzimmer. Ganz wohl ist ihm dabei nicht: „Man weiß ja nie, ob der andere ein Psycho ist." Am Ende werden mehrere Tage daraus. Mit Brian Chesky und Nathan Blecharczyk programmiert Joe kurz darauf eine Website zur Vermittlung privater Übernachtungsgelegenheiten. Sie geht im August 2008 an den Start: Airbed & Breakfast, kurz Airbnb. Heute ist die Plattform 30 Milliarden Dollar wert. Sie vermittelt Übernachtungsmöglichkeiten von der Luftmatratze im Wohnzimmer bis hin zu 1.400 exklusiv nutzbaren Schlössern, in mehr als 191 Ländern und über 65.000 Städten.

Bitte immer bedenken: Auf zwei Joes und Brians, die es geschafft haben, kommen 50.000 andere Teams, die auch eine Spitzenidee haben und es – aus welchen Gründen auch immer – nicht schaffen.

Die Frage, warum Airbnb ein derartiger Erfolg wird, ist rückblickend leicht beantwortet: Die Plattform befriedigt ein immer und überall auf der Welt massenhaft vorhandenes Bedürfnis mit einer einfach bedienbaren digitalen Lösung. Wer sich was dazuverdienen möchte, bietet hier seine Bleibe an. Wer etwas sucht, geht auch hierher, schließt online den Vertrag mit dem Vermieter und wohnt los. Zudem gibt es die Möglichkeit, jedes Wohnerlebnis gleich mit der App zu bewerten. Airbnb kriegt 20 Prozent von der Miete. Ein perfekter Deal für alle Beteiligten. Den Erfolg auf das Anbahnen von Mieter-Vermieter-Beziehungen zu reduzieren, greift jedoch zu kurz. Zuvörderst vermittelt man nämlich Erlebnisse. Zudem ist die Nutzung der Plattform sehr einfach, sie lässt sich intuitiv und ganz ohne Betriebsanleitung bedienen. 1. Erlebnis, 2. einfach, 3. intuitiv: Diese Faktoren machen den Unterschied zwischen einem soliden Nischenprodukt und einem echten Verkaufsschlager aus. Airbnb, Lego, Sanifair...

Wobei Deine drei Erfolgsfaktoren bei Sanifair wohl am klarsten rüberkommen.

Einfach ist, wenn der Mehrnutzen unmittelbar erlebbar ist.

Die kleine private Etagenwohnung in der römischen Seitengasse ist der beste Ausgangspunkt, um die Stadt und ihre Menschen kennenzulernen. Man wacht auf und schläft ein mit den Gerüchen und Geräuschen der Stadt. Anstelle des Aufzugs nebenan, wie man das vom Ketten-Hotel kennt, hört man Vespas knattern und das Trällern der Leute von der Stadtreinigung. Mit etwas Glück darf man sogar nach dem authentisch-urbanen Erwachen an den gedeckten Frühstückstisch des Vermieters und ein bisschen leben wie ein Einheimischer. Das passt zwar nicht unbedingt in die Low-fat-und-free-from-Ernährungsroutine, aber auf dem Minibalkon im Monti-Viertel, zwischen schleuderfeuchter Wäsche, Leergut und vollem Aschenbecher des Padrone, entzündet selbst ein herrlich süßer Panettone das gustatorische Feuerwerk und adressiert alle Sinne. So etwas zieht der kulturinteressierte, extrem Instagram-affine Globetrotter dem EU-genormten Industriespiegelei im Hilton vor. Für authentische Erlebnisse zahlen die Leute gern mehr. Eine Studie der Unternehmensberatung Ernst & Young zeigt, dass 87 Prozent der Kunden bereit sind, für ein schöneres Erlebnis mehr zu bezahlen.

Warum muss denn da EY ran? Das Meinungsforschungsinstitut JCB kriegt diese Binsenwahrheit in der halben Zeit fürs halbe Geld raus.

In einer uniformen Welt sehnen wir uns nach einzigartigen Situationen; nach Bildern, die gleich den Weg in unsere Herzen finden und schön zu posten sind. „Erleben und teilen" ist das Credo der Generation Social Media. Likes, Kommentare und Shares gibt es dabei nur für neue, unerwartete Beiträge. In diesem Erlebnismotiv liegt auch das Erfolgspotenzial des sogenannten Peer-to-Peer-Carsharing, bei dem man – genauso einfach – das eigene Auto verleiht. Bekannte Anbieter sind Drivy und Snappcar. Eine Untersuchung der EBS Universität in Oestrich-Winkel hat zum Ergebnis, dass die Bereitschaft, das eigene Fahrzeug fremden Nutzern zur Verfügung zu stellen, vordergründig nicht monetär getrieben ist. Vielmehr wollen Mieter und Vermieter das besondere Erlebnis mit einzigartigen Autos. Da verleiht der Oldtimerfreund das hochglanzpolierte Käfer-Cabrio gern an Hochzeitspaare und freut sich dann über das junge Glück in seinem großen Glück. Über den Wagen als verbindendes Element wird er indirekt Teil des Erlebnisses und der damit verbundenen positiven Energie. Und etwas

Geld ist ihm darüber hinaus ebenfalls willkommen. Umgekehrt wird der einmalige Tag so für den Mieter das perfekte Erlebnis. Er kann sichergehen, dass er genau das Cabrio mit den roten Sitzen und den Weißwandreifen bekommt, das seine Braut so liebt. Bei Sixt gibt es dagegen immer nur das gebuchte Normalo-Auto oder die „ähnliche Limousine". Hier wird Erwartungsqualität geboten und geliefert, Überraschungsqualität allerdings höchst selten; die dann eher als Downgrade.

Zum 20. Hochzeitstag mit Deiner Steffi leih ich Dir meine 1959er eierschalengelbe Isetta. Gratis.

Wirklich einfach ist nur, was ohne großen Aufwand auch funktioniert.

Der erlebbare Mehrnutzen ist das eine. Die Bequemlichkeit das andere: Die Kundschaft ist von Apple und Amazon verwöhnt. Informationen aller Art kommen sofort, und bei Büchern sowie Obst und Gemüse geht es immer schneller, bis der Lieferbote klingelt. Die neue Waschmaschine braucht nur einen Klick und das neue Date nur einen Wischer nach rechts auf dem Smartphone. Wer so drauf ist, nutzt einen Leihwagen nur, wenn es genauso einfach ist. Die EBS-Studie zeigt: Wenn der Sharing-Romantiker zunächst hilflos durch sein Viertel irren muss, um dann festzustellen, dass der Vermieter den Schlüssel doch nicht hinterlegt hat, verliert die Lust und ruft einen cremefarbenen Diesel-Daimler mit der Möbelhaus-Reklame an der Seite und den vier gelben Hass-Buchstaben auf dem Dach. Es gilt deshalb, sich aller möglichen Hindernisse aus der Sicht des Nutzers anzunehmen und schon vor dem Going-Live Lösungen dafür bereitzuhalten. Zudem müssen mögliche Vorbehalte jeglicher Natur durch die so kontextbezogene wie geschickte Kommunikation unterbunden werden, bevor sie entstehen. Hervorragend löst das Blablacar, der bekannteste Anbieter von Mitfahrgelegenheiten im deutschsprachigen Raum: Die Plattform bringt Alleinfahrer und Mitfahrer zusammen. So ergibt sich trampen 2.0, jetzt mit digitalem Anlauf, bestmöglicher Sicherheit durch die Pflicht zur Registrierung und ordentlicher Zuverdienst-Möglichkeit.

> *So treffsicher voll auf die Painpoints – und dann noch der grenzgeniale Name. Wie banal im Grunde, nur drauf kommen muss man.*

Wer drei Leute mitnimmt, spart 75 Prozent der Fahrtkosten und hat mehr oder minder anregende Gesprächspartner. Dabei entscheidet er aufgrund der Bewertungen, wen er mitnimmt und wen nicht.

Dabei ist die Simplizität nicht nur etwas für digitale Geschäftsmodelle. Es gibt Vorreiter in der Offline-Welt, die hier gefühlt schon immer beispielgebend sind und zum Nachahmen motivieren. Koffer von Rimowa rollen leiser, besser und länger. Die einfachere und komfortablere Handhabung als bei preiswerteren Produkten der Konkurrenz ist den Fans nicht nur mehr wert, sie empfinden sie sogar als Luxus.

> *Vor allem machen sie bei Reparaturen kein Geschiss und wissen, wie man Kulanz buchstabiert. Das ist Einfachheit, von der man gern weitererzählt.*

In diesem Sinne ist es nur konsequent, dass der französische Luxusgüterkonzern LVMH die Mehrheit an Rimowa erwirbt. „Einfachheit ist die höchste Form der Vollendung.“: Leonardo da Vinci sagt es, die Manager in Paris handeln streng danach.

Man kann auch zeitgemäß einfach und damit interessant für viele sein, ohne das eigene Hab und Gut in die Hände anderer zu geben: Immer im Mai startet der Radiosender SWR3 die „Grillparty“. Starkoch Johann Lafer kreiert ein Vier-Gänge-Grill-Menü, das am Tag der Tage von allen Hörern im heimischen Garten mitgegrillt werden kann.

> *Das heißt nicht mehr grillen. Das heißt jetzt webern.*

Die rechnen mit dem Zutatenrechner auf der Website vorher je nach Gästezahl präzise aus, was eingekauft werden muss. Für den Lafer-Burger braucht man für vier Personen 500 Gramm Rinderhack, am besten von der Rinderbrust, außerdem die leere Raviolidose mit Deckel zum Selberbacken des Brötchens. Die Macher gehen vom dümmsten anzunehmenden Griller aus und erklären minutiös alle Vorab-Schritte in Wort und Bild. So bleiben keine Fragen offen, und das Community-Grillerlebnis wird garantiert was. Schließlich stehen die starken Marken SWR3 und Johann Lafer im Feuer, und die nehmen Schaden, wenn was schiefgeht. Was am Tag der Tage zu tun ist, erklärt der Maître mit seinem nicht ganz so prominenten

Mitgriller vom Schlage Florian Hambüchen ganz genau persönlich über den Äther: „Jetzt alle die Burger wenden!" „Jetzt das Gemüse dazugeben!" „Jetzt, wer möchte, mit Rotwein ablöschen!"

Einfache Frage: Wie ist noch mal der Auftrag des öffentlich-rechtlichen Rundfunks (abseits der Lafer-Dauerpromo)?

Ganz SWR3-Land folgt dem Guru aufs Wort. Wenn der das Brötchen nicht aus der Dose kriegt, sind die Lacher, die Likes und die Shares auf der Grillparty-Fansite im Web garantiert. Alle haben Spaß, posten ihre besten (und lieber noch die weniger guten) Resultate und, wichtig, lernen ganz nebenbei etwas dazu. Die Macher der Party denken und konzipieren hier aus User-Sicht und bedienen sich eines der größten gemeinsamen Vielfachen: Grillen ist klassenlos und integrativ, bedient keine Klischees und erfreut alle und jeden. So einfach – und so schön lebensnah. Einfachheit lädt zum Mitmachen ein und befähigt die Teilnehmer. Sie ist eine der wichtigsten Zutaten, wenn es um Selbstbewusstsein und gute Gefühle geht. Wer so drauf ist, kauft.

Sogar die Lafer-Schwenkpfanne 28 cm / 3,5 Liter für 79,99 Euro, wobei er spürt, dass die im schlimmsten Fall aus China und sicher viel zu teuer ist.

Einfach ist, wenn man keine Betriebsanleitung braucht.

Einfachheit setzt sich durch und macht dauerhaft future-ready. Das markanteste Beispiel dafür ist Lego. Ein Basisstein mit einer einzelnen Noppe hat eine quadratische Grundfläche von 7,8 x 7,8 Millimeter und ist 11,3 Millimeter hoch. Der Stein mit 4 x 2 Noppen entspricht im Maßstab 1:7 einem Standard-Backstein mit 9 × 4½ × 3 Zoll. Aus diesen beiden Komponenten leiten sich die Größen fast aller anderen Bauelemente ab. Selbst die Verbinder aus der Lego-Technic-Serie sind mit dem Grundstein kombinierbar, indem man sie in die Röhren auf der Unterseite steckt. Genau dieser Systemgedanke, Ausdruck größtmöglicher Einfachheit, macht die Magie der Marke Lego aus. Inzwischen gibt es zwar auch Architekturmodelle, Flugzeugmodelle und Harry-Potter-Schlösser, die über wortgewaltige Submarken wie Lego Architecture, Lego Creator und Lego Technic vermarktet werden.

Die Highend-Bausätze werden allerdings in der Regel nur einmal aufgebaut und stauben ansonsten im Regal ein. Die Wühlkiste mit den bunten Normalosteinen kommt dagegen Tag für Tag unter lärmendem Gewühle zum Einsatz. Jeder kann damit kreativ werden, und die schönste Anleitung dafür ist, dass es keine gibt.

Wie kaum ein anderer Hersteller achtet Lego auf die immer starken Grundpfeiler Einfachheit und intuitive Kreativität, in den angestammten wie den neuen Bereichen: Bei den Kunststoffhelden in den Movies, Apps, Games und Hörspielen sind die Köpfe und Gliedmaßen so vierschrötig, wie Kinder sie malen. Die Hände heißen Greifer, wie Kinder sie nennen. Und die Art, wie sie Probleme lösen, ist simpel und systematisch. Auf diese Weise steht die Marke für smarte, lustvolle Lösungskompetenz. Sie ist omnipräsent und spielt sich vorbehaltlos über unzählige Touchpoints in die Herzen aller. In einem Management-Workshop ohne „Wir visualisieren unsere Strategie mit Lego"-Modul fehlt etwas. Der spielerische Zugang erweckt dabei das Kind im Manager. Das erleichtert den Umgang mit der Materie und baut Ressentiments ab, mildert Egoismen und lässt Hierarchien außen vor. Lego Serious Play heißt das kindliche Bauen für Große so treffend.

Und was ist mit Sanifair (siehe 4. Absatz): Wobei, selbsterklärend, einfacher geht's nicht: 70 Cent, Gutschein, Drehkreuz, Pinkeln, Händewaschen, fertig.

Die Crux der Simplizität: Je einfacher es sein soll, desto komplizierter wird es. Diese Faktoren sind dafür zu berücksichtigen, dass es wirklich funktioniert:

- Was ist das Dilemma bei bestehenden Lösungen?
- Was will der Kunde, und wie verhält er sich?
- Wer ist überhaupt der ideale Kunde, und verhalten sich alle anderen ganz anders?
- Wie wird verhindert, dass der Anspruch der Einfachheit über die gesamte Prozesskette mit vielen Beteiligten und Einflussfaktoren immer mehr verwässert?
- Wie wird dafür gesorgt, dass das, was die Einfachheit ausmacht, mit der Zeit geht?

Nur Gästemund tut die ganze Wahrheit kund, auch im Steigenberger auf Usedom.

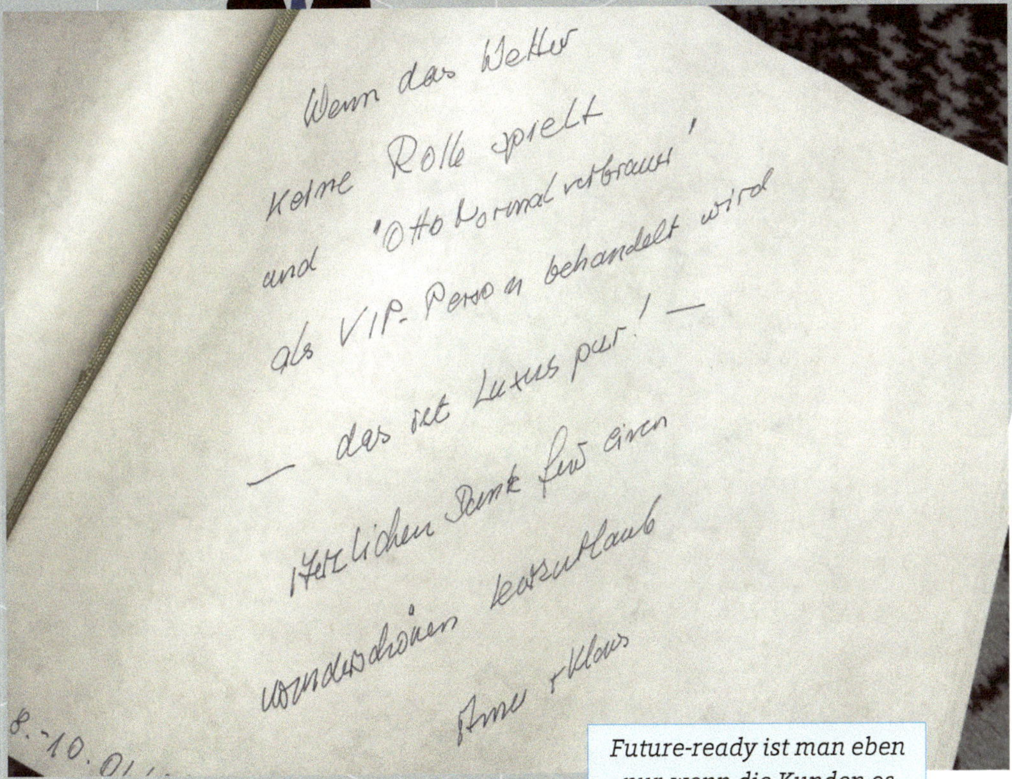

HERINGSDORF

Future-ready ist man eben nur, wenn die Kunden es über einen sagen.

COMMERZBANK
Die Bank an Ihrer Seite
FOCUS MONEY
BESTE KUNDEN-BERATUNG
Commerzbank AG
Gesamtsieger Deutschland
Testzeitraum: Januar bis Dezember 2015
Im Test: 394 Banken
Getestet: Privatkundenberatung (Retail)
CITYCONTEST 2015
Keiner berät besser.
Und wann testen Sie uns? Jetzt Termin vereinbaren: in dieser Filiale oder unter
www.commerzbank.de

MÜNCHEN

Wenn die Kontoeröffnungsbarprämie und das Kunden-werben-Kunden-Waffeleisen nichts mehr helfen, müssen Siegel her!
Weißt Du, wie viele Anzeigen man im Heft schalten muss, damit der Gesamtsieg Deutschland rausspringt?

Feldhoff & Cie.!

Die einen gehen auf den Markt, die anderen machen ihn: Wer dieser andere ist und dieses tut, hat eine gute Voraussetzung dafür, future-ready zu sein. Wer dagegen imitiert und hinterherläuft, wird es immer schwer haben. Gewinner sind die Vorweggehenden – die mit der untrüglichen Trüffelnase und der gewissen Risikoaffinität. Was sie außerdem prägt, ist die eingebaute Motivation, niemals nachzulassen; und sich immer wieder so weit neu zu erfinden, wie es dafür notwendig ist, führend zu bleiben. Paul Jörg Feldhoff ist in seinem Metier ganz vorn: always on, nutzt jede Minute und verliert keine. Der Mann ist überall dort unterwegs, wo man sich trifft in der Welt der Immobilien, erlesene Beratung, eindrucksstarke Kommunikation, inhaltsgeladene Veranstaltungen braucht; rund um Investments und Fonds, Assets und Deals, Properties und Facilities. Es boomt, the sky is derzeit the limit in der Branche, nicht zuletzt deshalb boomt es auch bei Feldhoff & Cie. in Frankfurt.

Das „Compagnie" steht für diejenigen um den Gründer herum, der 2003 mit allem loslegt. Aus dem Grund, und der fordert ihn heraus, dass die Branche zu dem Zeitpunkt im strategischen Marketing, in der Kommunikation und bei Events und Kongressen ziemlich unterentwickelt ist. Sie ist geprägt von Silberrücken, „die uns junge Wilde nicht ernst genommen haben, obwohl ich da schon graue Schläfen und eine sehr brauchbare Karriere vorzuweisen hatte". Da ist er 27. Die Aussicht: In einigen

Jahren sind die aktuellen Entscheider im Ruhestand. Die jungen Wilden kommen dann ans Ruder, ganz anders ausgebildet und wohl wissend, dass man auch in dieser konservativen Branche so anregend wie aufregend rüberkommen kann, ja muss. Er nimmt sich vor, „in dieser spannenden Nische die richtigen Plattformen aufzubauen, bis es so weit ist". Inzwischen ist es längst so weit: Firmen, Deals und Projekte müssen profilierte Gesichter in der Menge haben – wie Autos, Computer, Reisen. Hauptsächlich geht es um Glas, Stahl, Beton, doch auch hier entscheidet immer der Mensch. Der ist nicht bloß scharf auf Lage, Kubatur und Meter im Quadrat, sondern hat vor allem auch Gefühle, will umgarnt, verlockt, erobert werden. Da hinterlässt die überwältigende Kraft spannender Geschichten und Erlebnisse created by Feldhoff & Cie. in der Immobilienwirtschaft ihre Spuren.

Sie verfassen und erzählen sie, gedruckt, online und live in Pressekonferenzen, für einige Dutzend Start-ups sowie Mittel- und Schwergewichte der Branche. Der Anspruch: „die führende Kommunikationsagentur mit dem umfassendsten und belastbarsten Netzwerk in der Immobilienwirtschaft sein". Und, vor allen Dingen, bleiben. Drunter machen sie es nicht im Frankfurter Westend, durch die Panoramascheiben die Skyline downtown fest im Blick. Sie sagen „Business Lines" zu den Geschäftsbereichen: die für Client Relations – Positionierung, strategisches Marketing, Analysen, Innovationen; die für Communications – PR-Strategie, Redaktion, Corporate Publishing, Studien; und die fürs Congress- und Eventmanagement – „Real Estate Forum", „Real Estate Summit", „Rocket Circle", Netzwerk-Plattformen nach Kundenwunsch. Sie sind die Zusammenbringer: „Unsere Kunden verdienen durch und mit uns Geld. Der Dienstleister lernt den Investor kennen, der Frankfurter Projektentwickler positioniert sich in Berlin, und das junge Start-up erlangt Bekanntheit in den Branchenmedien."

Um die 20 jungen Köpfe sind bei Feldhoff & Cie. beschäftigt, für langjährige und neue Kunden. Der Gründer und Managing Partner ist inzwischen noch etwas grauer an den Schläfen. So muss die personifizierte zukunftsbereite Autorität daherkommen. Man kauft ihm ab, dass er sagt, was er tut, und dann tut, was er sagt. Heute nehmen die Entscheider ihn sehr ernst. Er sagt viel, sehr schnell, und tut viel, noch schneller. Um die zehn Organisationen listet sein Profil auf Xing, vom Wirtschaftsrat der CDU bis zur Vereinigung der Freunde des Deutschen Instituts für Wirtschaftsforschung. Alle aktiv bespielt von diesem Netzwerker 4.0. Heute „Conferencier" auf dem eigenen „Real Estate Forum" in der Hauptstadt, über das, was in Immobilien die Future ist und die Player dafür ready macht. Maximal 80 Entscheider der Branche dürfen teilnehmen. Tags darauf nach Londonfrankfurtmünchen. Und am Abend das Netzwerk-Dinner auf der eigenen Eventfläche zu Hause in Bad Homburg vor der Höhe: Das Business ist ein vertrautes mit Vertrauten, alten und neuen Kontakten. Da kam die Idee, das Separee für ebensolche Gespräche lieber gleich bei sich daheim statt in der Öffentlichkeit zu haben. Er gibt regelmäßige Abendessen, aus jeder Business Line ist mal ein Kollege dabei, dazu maximal acht weitere Gäste. „Ich koche dann gern selbst, und manchmal unterstützt ein Profi-Koch. Mein Antrieb ist, den richtigen Abend mit den richtigen Menschen mit den richtigen Themen zu gestalten." So klingt einer, der gern den Booster zündet, immer unterwegs in der Welt der Immobilien und darüber hinaus.

Der andere Managing Partner Tom Zeller kann das alles ab, federt es ab, ist die antipodische Kraft, die in der Ruhe liegt. Als studierter Politologe und ehemaliger stellvertretender Bundesvorsitzender der Jungen Union, aktiv als Generalsekretär des Instituts der Deutschen Immobilienwirtschaft, weiß er ziemlich gut, wie man das so schlagfertige wie -kräftige Führungsduo so komplett macht, das die People-Story rund ist. Tom Zeller, ebenfalls zehn Organisationen bei Xing, beschreibt die Werte von Feldhoff & Cie.: kommunikativ – „die Botschaften unserer Kunden so übersetzen, dass sie gern gehört und einfach verstanden werden"; vertrauensvoll – „mit Informationen, die oftmals sensibel oder sogar börsenkursrelevant sind, verantwortlich umgehen"; innovativ – „für neue Ideen nicht nur offen sein, sondern sie vor allem anpacken, umsetzen und in den Markt tragen". Vor und hinter allem steht für ihn die Menschlichkeit. Durchaus erstaunlich in dieser harten Szene, wo die Deals so groß, die Gebäude so hoch, die Konten so dick sind. Die Managing Partner überweisen nicht nur Geld für soziale Zwecke, sie beteiligen sich vor allem, gehen unter anderem mit ihren Teams zur „Frankfurter Tafel" und unterstützen die Bedürftigen. So kriegt das, was sie alle fachlich future-ready macht, auch menschlich sein Gesicht.

Die Branche in der althergebrachten Art und Struktur ist im Wandel und bietet Chancen für innovative Unternehmer. Der Anspruch: Festigung der Marktposition und größtmögliche Partizipation an den neuen Chancen.

Das große Ganze heißt 3F Group, Feldhoff & Cie. als Nukleus selbst mittendrin, drum herum neue Business Lines auf ergänzenden Gebieten, wenn sinnvoll auch mit Joint-Venture-Partnern. Es sind „von jüngeren Unternehmern geführte Entities, die sich gegenseitig anfeuern und befruchten". Die Group ist ein House of Brands mit insgesamt 35 Köpfen roundabout, stark wachsend. Unter diesem Dach macht Stoneset Partners Headhunting für Positionen in den oberen Etagen der Branche; mit dem erklärten Ziel, in Deutschland in den nächsten Jahren unter die Top 3 zu kommen. Monetarisierung des Netzwerks lautet das erklärte Ziel. Holy Moly verleiht als weitere Business Line dem Immobilien-Marketing bundesweit neue Klasse. Gemeinsam mit einer führenden deutschen Werbeagentur entwirft man Bauschilder und Websites, Anzeigen und Broschüren und erzählt

Geschichten für Büro- und Wohnimmobilienprojekte. Hier genügt den Machern Top 3 nicht. Sie treten dafür an, auf ihrem Gebiet genauso Marktführer zu werden, wie die Kollegen von Feldhoff & Cie. es auf ihrem schon sind.

Daneben geht es darum, die Immobilienwirtschaft auf eine neue Ebene zu führen – die digitale. Wieder eine neue Chance. Dafür braucht man die passende Struktur, eine neue Business Line mit neuen Köpfen und neue Ansätze außerhalb der klassischen Immobiliendenke. Blackprintpartners ist der digitale Hub der Branche und beschleunigt als Beteiligungsgesellschaft neue Geschäftsmodelle. Man investiert Kapital und Know-how in Proptech-Firmen, damit herausragende digitale Ideen auf die Beine kommen. Sie sollen die angestammten Geschäftsmodelle in der recht innovationsfeindlichen Branche schneller und radikaler auf den Kopf stellen. Dafür gibt es auch den ersten „Multi Corporate Proptech Accelerator", gemeinsam initiiert mit etlichen Branchengrößen. Sie nennen ihn Blackprintbooster, und der Name ist Programm. Und nebenbei hat man mit der „Future Proptech" die führende Start-up-Konferenz der Immobilienwirtschaft in Berlin initiiert.

Zeller sagt, was er bei der 3F Group unter top versteht: „Wir versuchen überall, Innovationsführer zu sein, treiben ständig neue Entwicklungen voran, bleiben nie stehen und sind nie zufrieden." Im nächsten Schritt nicht nur in Deutschland, sondern paneuropäisch, und zwar mit allen Unternehmen. Auf dieser Mission würde er manchmal gern auch Jeans und Sneakers tragen. Feldhoff sagt: „Ich glaube noch an die Verknüpfung von Premium-Produkt und Premium-Outfit. Damit haben wir uns von Anfang an am Markt unterschieden." Derzeit sind sie also noch klassisch unterwegs, man schätzt das in der Branche, besonders bei den Start-ups. Abseits der Mode arbeiten die Menschen bei Feldhoff & Cie. und den anderen 3F-Unternehmungen daran, dass es inhaltlich vorangeht: Fokus Nachwuchs – die eigene Employer-Brand ausbauen und noch attraktiver machen für die richtigen Potenzialträger, die man erst für sich gewinnt und dann laufend weiterbildet. Fokus Frauen – Feldhoff & Cie. initiierte das Elite-Netzwerk Rocket Circle. Hier diskutieren und stärken Entscheiderinnen ihre Strategien, auf dem weiteren Weg in die Top-Positionen. Fokus Digitalisierung – man gründet die German PropTech Initiative, den Zusammenschluss der führenden digitalen Immobilienunternehmen in Deutschland; zudem mit dem „Real Estate Innovation Summit" den Kongress für analoge genauso wie digitale Innovationen in der Branche; und beim Innovation Cooking kochen und essen überall in Deutschland gestandene Entscheider mit den Leuten von den heißen Start-ups.

Man weiß nicht, wann und wie sie das alles auf diesem Niveau machen. Dass sie es machen, weiß die Branche ganz genau. Auf welcher Basis, was ist der Markenkern – der ultimative Nutzen, die schlüssige Ein-Wort-Antwort auf die Knackfrage nach dem „Warum"? Der Namensgeber sagt, es ist „klar das Feuer". Das kraftvolle, wenn es um die Deals geht, die man anzettelt, das heimelige, wenn es um das Netzwerk geht, das man ermöglicht, und das heiße, das man sich selbst und allen Mitmachern immer wieder neu unter den Hintern macht, um da vorn zu bleiben. Der andere Managing Partner sagt, es ist „klar der Mehrwert", im doppeldeutigen Sinn: Wer kein Geld und erst recht keine Zeit zu verschenken hat, braucht messbare Ergebnisse von seinen Dienstleistern. „Nur ein großes Netzwerk zu haben ist keine Kompetenz. Sie ist es erst, wenn man es schafft, es zum Wohle aller Beteiligten einzusetzen und zugleich zu monetarisieren", ergänzt der Namensgeber. Dafür muss man nicht nur wissen, wer wer ist, sondern vor allem auch, wer wie ist und was er möchte und braucht.

Um dem zu entsprechen, gibt es die neuen Geschäftsbereiche, alle entstanden in den letzten Jahren. Sie sorgen mit dafür, bereit für die Zukunft zu bleiben – und dass Kunden echte Fans sind. Es sind solche, sagt Tom Zeller, „die spät nachts sehr persönliche Mails schreiben, in denen sie sich für den Einsatz, die Loyalität und den Erfolg bedanken". Future-ready-Sein manifestiert sich auch darin, was am Markt über einen gedacht und erzählt wird …

Kein Wunder, dass die dicht sind: Lack und Parfum gehen nicht zusammen. (Lochblech und Hundefutter passen ja auch nicht.)
PARFUMERIE
FARBEN RICHARD HELM LACKE
Der Helm muss schon wissen, was er will. Motorradladen wäre super.

WIEN

Exzenterschleifer-Entwurf, created bei Einhell in Landau an der Isar. Find ich ziemlich future-ready.

Dominante Farbgebung, unique Linienführung: Konsequentes Design ist in puncto Zukunftsbereitschaft extrem ausschlaggebend.

„Das Brand
steckt den Rahme
der einheitlich
sehr wichtig ist. Wi
glücklicherweis
nicht alles gefalle
wird miteinande
am Ende findet sic

EDDING IST FUTURE-READY:

Management
enger, weil
Markenauftritt
haben
Leute, die sich das
assen. Dann
gekämpft, und
das richtige Maß."

PER LEDERMANN,
VORSTANDSVORSITZENDER

per-sön-lich!

Flughafen Stockholm: Mutter, Vater und zwei kleine Kinder an der Europcar-Station. Sie wollen gleich losstarten in den Urlaub. Es gibt hier den grünen Tresen, die begehrten Autoschlüssel am hinterleuchteten Schlüsselbrett und den gut sichtbaren Slogan „Happy to help" (Hocherfreut, Ihnen helfen zu dürfen). Das ist das Credo bei Europcar. Wer mehr darüber wissen will, erfährt auf der Website, dass „es uns wichtig ist, dass Sie bei uns wunschlos glücklich sind". Man liest von der Sprache des Kunden, die auch die ihre ist; von freundlichem und aufmerksamem Zuhören; und von Arbeitsabläufen, bei denen sie rasch auf Kundenbedürfnisse reagieren können. Die Vorfreude auf das Auto steigt. Bei den Kindersitzen hilft Europcar auch. Sie sind online mitgebucht und werden üppig berechnet.

> *Immer noch besser als „We try harder" von Avis. Kleiner gedacht geht's nicht.*

Der polierte Passat steht da, zu geparkt von zwei SUVs. Der Angestellte – er trägt das grüne Hemd mit dem „Happy to help" über der Brust – ist präsent und knipst sein Lächeln an. Wo die Kindersitze sind? „Die müssen Sie selbst holen, aus der Kammer da hinten, gleich im Regal rechts." Immerhin macht er das Licht an. Papa schleppt die sperrigen Teile und grummelt, und beim Befestigen auf der Rückbank hakt es auch: Die Sitze sind uralt, immerhin von Römer, aber sie haben noch kein Isofix zum schnellen Befestigen. Der naturfröhliche Helper macht keine Anstalten: „Leider darf ich Ihnen aus Versicherungsgründen nicht helfen." Will heißen, sobald er den Sitz anfasst, haftet Europcar, wenn etwas passiert. Vermutlich hat er auch noch Rücken. Noch mehr Image-Desaster in noch weniger Zeit geht nicht. Ruckzuck geht das Millionenbudget für Markenaufbau und -kommunikation in rußigem Diesel auf. Das vollmundige Versprechen wird zum stattdessen wahrgenommenen „Happy to ignore". Und die genervten Eltern erzählen das Erlebnis weiterer, sofort auf Facebook und offline bei jeder passenden Gelegenheit.

Abgesehen von dem unfreiwilligen Workout bleiben die antiken Kindersitze in Erinnerung, nicht der nagelneue Passat.

Marke ist nicht das, was ein Unternehmen vorgibt zu sein, sondern das, was man sich hinter seinem Rücken darüber erzählt. Da geht es um gebrochene Versprechen, um Mitarbeiter, die Kunden vergraulen, statt sie zu Stammkunden zu machen, und um Endfrustrierte, die ein Unternehmen in ihrem Umfeld bashen. Jeder erzählt es zehn Leuten, die es jeder zehn Leuten erzählen, die es jeder ... Das Versprechen „Geht nicht, gibt's nicht" von Praktiker bestand aus zwei Teilen: Vormittags gab's „Geht nicht!" und nachmittags „Gibt's nicht!". Und am Notruftelefon von American Express braucht man zum Sperren der gestohlenen Kreditkarte die 16-stellige Nummer auf der Vorderseite und die Sicherheitsnummer auf der Rückseite. Wenn die nicht parat sind, tun es auch BIC und IBAN des hinterlegten Kontos. In solch einem Moment des absoluten Schmerzes wird der Bestohlene zu Bruce Willis in „Die Hard". Dabei verspricht Amex auf der Website: „Weil sich Ihr Leben nicht nach Zeit und Raum richtet, ist unser

Service-Team rund um die Uhr für Sie da und bietet Hilfestellung in jeder Lebenslage: egal was, egal wann, egal wo."

In den Augen des Kunden ist immer das ganze Unternehmen verantwortlich.

Wer ist schuld an den täglichen Debakeln an den Schaltern, Tresen und Theken dieser Welt? Der smarte Lächler an der Kundenfront? Sein Chef? Dessen Chef? Die Strukturen? Vermutlich immer die anderen, nach dem Motto: „Wir können nichts dafür, das waren die vom Callcenter!" Den Kunden interessiert das alles nicht.

Eine branchenübergreifende Untersuchung der englischen Beratungsgesellschaft Ipsos Mori zeigt, dass sechs der zehn wichtigsten Treiber von Kundenloyalität auf zwischenmenschlichem Verhalten beruhen: Kunden kaufen eine Marke nur wieder und empfehlen sie weiter, wenn

- sie sich angemessen behandelt fühlen,
- der Aftersales-Service stimmt,
- das Beschwerdemanagement funktioniert,
- der Mitarbeiter durch Produktwissen und sinnvolle Empfehlungen überzeugt,
- er weiß, wofür die Marke steht,
- er spürbaren Enthusiasmus lebt.

Da hast Du recht und verlangst dennoch die Mondlandung: Ganze Generationen von Trainern sind in diesen Feldern unterwegs und kommen im neuem Missstand kaum hinterher.

Im persönlichen Miteinander liegt das Differenzierungspotenzial. Erfolg bringt es aber nur, wenn das Unternehmen versteht, dass allein der Kunde bestimmt, welche Markenkontakte für ihn relevant und kaufentscheidend sind. Dem Fluggast, der den nagelneuen Louis-Vuitton-Koffer zerbeult vom Band zieht, ist es egal, ob der Flughafenbetreiber, der Zoll oder ein Mitreisender schuld ist. Er hat den Vertrag mit der Fluggesellschaft. Von der will er jetzt Genugtuung, und die Performance des Mitarbeiters an diesem einzigen Kontaktpunkt mit der Marke im Moment der Beschwerde entscheidet über seine zukünftige Meinung.

Weshalb muss man im Hotel bei der Ankunft, egal wie spät und obwohl man nur noch ins Bett und höchstens vorher noch kurz zu den Nüsschen an die Pilsbar will, zuallererst diesen schlecht gedruckten Zettel mit den ganzen leidigen Angaben ausfüllen? Wieso bereitet den nicht die Kraft hinterm Tresen ready for signature vor? Und warum kann das nicht bis zum Morgen warten? Da ist der Gast wenigstens ausgeschlafen. Es gibt sogar Hotels, da kommt man nassgeschwitzt oder nassgeregnet oder sonst wie fix und fertig mit letzter Kraft an die Rezeption, links der schwere Rimowa, rechts der schwere Samsonite, links das iPhone zwischen Schulter und Backe, rechts das Samsung, und der Night Manager on Duty erkundet nicht nur, wie die werte Anreise war, sondern fragt auch noch: „Wollen Sie einen Apfel?" Er muss das tun, es steht im Rezeptions-Manual, und man hat es ihm im Seminar „Erlebnisgerechte Arbeit am Gast" beigebimst. Von disruptivem Querhandeln auf Future-ready-Art, das dem Gast ein wirklich unvergessliches Check-in-Erlebnis beschert, von dem er immer wieder gern erzählt, ist er damit weit entfernt. Es gelingt, indem er dem nassen Gast statt des Apfels ein Handtuch reicht und – während der sich trocken rubbelt – die Hassfragen Nummer 1 bis 3 nach der Privatadresse, dem Geburtsort und der beruflich oder privat veranlassten Übernachtung mit ihm abarbeitet und den schlecht gedruckten Zettel gleich für ihn ausfüllt. So jemanden würde man nie und nimmermehr vergessen. Aber er darf das nicht, ist vom Headquarter irgendwo in Ohio so nicht vorgesehen. Workflow ist schließlich Workflow. Wie schade, dann bleibt das Hotel das Hotel, das seinen Preis deshalb wert ist, weil man es günstig von der Resterampe im Internet schießt. So wird da dann auch darüber gesprochen, und Empfehlungsmarketing wird Nichtempfehlungsmarkting: Vom Fan zum Ablehner braucht es nicht viel ...

Das wird nicht honoriert. Den Manager interessiert am nächsten Morgen nur, dass der Gast möglichst kostengünstig untergebracht ist. Ob mit Apfel oder ohne Handtuch ist dabei egal.

Bei der Lufthansa kommt es vor, dass der schlafende Passagier in der Business erst geweckt und dann gefragt wird, ob er ein Kissen möchte. Im Manual steht eben nicht, dass die obligatorische Frage nur bei einem wachen Passagier gilt ...

„Agil“, „disruptiv“, „digital“ sein – es kommt allein drauf an, was man draus macht.

Angenommen, der Night Manager weiß, worum es geht. Er will dem Gast tatsächlich einen schönen Aufenthalt bereiten. Aber er kann nicht, und das liegt nicht an ihm. Es hat ihm einfach niemand gesagt, dass es in seinem Job ganz besonders wichtig ist, die Regeln nicht starr zu befolgen, sondern sie stattdessen flexibel und situativ auszulegen und anzuwenden. Und dass er das nicht nur darf, sondern es von ihm erwartet wird ... Jetzt kann, ja muss sein Brötchengeber reinsteuern und etwas tun: Beim markenadäquaten Verhalten, sagt Meister Henkel, geht es um Wissen, Wollen und Können. Erst wenn alle Komponenten immer wieder neu ideal zusammenspielen, wird das Erlebnis für den Gast unvergesslich, und zwar im positiven Sinne. Das ist nicht leicht hinzukriegen, aber es ist auch nicht zu schwer. Man muss dafür da ganz oben 1. wissen, worum es geht (um mehr als Essen, Trinken und Schlafen); 2. wollen (die Mitarbeiter wertschätzend zum selbst verantworteten Markenbotschafterdasein befähigen); und 3. können (die Skills, das Einfühlungsvermögen und die Empathie dafür mitbringen, aus Personalnummern immer wieder neu echte Persönlichkeiten zu machen). All das ist on the long run besser und befriedigt mehr als jeder gekaufte Award „Top Hotel 2017“. So kriegt das Buzzword „disruptiv“ endlich den Gehalt, den es verdient.

Nur weil der Slogan überall groß steht, hat der Mitarbeiter seinen Sinn noch lange nicht verstanden. Was heißt „Happy to help“? Kann der Mann gut Englisch? Steht das für die aktive Hilfe oder eher für die Hilfe zur Selbsthilfe? Studien belegen, dass es in vielen Unternehmen sogar am Mindestwissen über die eigene Markenidentität mangelt. Seltener, weil sich die Mitarbeiter damit nicht auseinandersetzen wollen; häufiger, weil sie keinen Zugriff auf entsprechende Informationen haben oder diese derart aufbereitet sind, dass sie ihrem Informationsverhalten so gar nicht entsprechen. Wer liest schon noch eine Broschüre? Die Jüngeren sind dank Twitter und SMS häufig gar nicht mehr in der Lage, Konstruktionen aus Haupt- und Nebensatz und mit mehr als 140 Zeichen zu verarbeiten.

Starke Marken müssen ihren Leuten über die unternehmerische Vision hinaus Orientierung für ihr Leben geben.

Das faktische Markenwissen ist nur die Spitze des Eisbergs. Wichtiger als das Wissen über die Markenwerte (inhaltliches Wissen) ist, dass Mitarbeiter die Markenwerte verstehen und jobspezifisch interpretieren können (Handlungswissen). Was bedeutet der Markenkern „Freude" von BMW für den Kfz-Mechaniker? „Blinker links und Fuß aufs Gas – ist klar!" Ähnlich interpretiert er den Markenwert „Ästhetik": Während BMW ihn im Sinne des optimalen Zusammenspiels von Formen, Materialien, Farben und Linien diskutiert, findet er beim passionierten Autoschrauber ganz anders Ausdruck: tiefergelegter Dreier, Baujahr 1998, Vierfachauspuff und extrabreite Pirellis – einfach schön, irgendwie ästhetisch. Deckt sich diese Interpretation nicht mit dem Verständnis der BMW-Zentrale, ist es deren Aufgabe, den Missstand zu beheben. Und zwar aus der Sicht des Schraubers. Wer möchte, dass seine Mitarbeiter Markenbotschafter sind, muss ihre Lebens- und Arbeitswelt verstehen und berücksichtigen. Die wenigsten Mechaniker können sich einen neuen BMW leisten. Zudem ist es zentraler Bestandteil ihres Berufs, sich für Drehmoment und Karosserieversteifung zu begeistern. Freude entsteht für sie beim schnellen Fahren, während der 70-jährige Siebener-Fahrer sie durch die Sitzheizung und die eingebaute

In der Werkstatt sind erst mal die anderen Markenwerte „Innovation" und „Dynamik" gefragt. Ästhetik ist hier zweitrangig.

Lordosenstütze für den Rücken erfährt. Es handelt sich hier um völlig unterschiedliche Lebens- und Erlebenswelten. Erst die richtigen Personalentwicklungsinstrumente schärfen das übergreifende Verständnis aller Mitarbeiter.

Geringe Fluktuation und rückläufige Krankheitstage sind Indikatoren für die Markenbindung der Mitarbeiter. Zwar gibt es Arbeitnehmer, die Zeit ihres Lebens nur bei ihrer Firma bleiben, weil es immer so war und schon der Opa hier gearbeitet hat. Auch haben sie unter den Kollegen viele Freunde. Ihr sogenanntes normatives Commitment ist ausgeprägt, weil es im Sozialsystem des Menschen begründet liegt. Für die höhere Weihe der Markenbindung steht allerdings das sogenannte affektive Commitment. Es ist hoch emotional: Mitarbeiter dieses Bindungstyps arbeiten freiwillig, aus innerer Überzeugung, mit größter Motivation und vor allem gern für „ihre Firma". Überzeugte Stewardess bei der Lufthansa zu sein bedeutet nicht, Essen und Trinken zu bringen, sondern einen Wertbeitrag zum Austausch zwischen den Völkern und Kulturen zu leisten. Und in den Steinbrüchen von LafargeHolcim, dem größten Zementhersteller der Welt, verstehen sich die committeten Arbeiter nicht als Steinhauer, sondern als Erbauer von Brücken und Wolkenkratzern. Die Wertschätzung des Einzelnen, die zu dieser Einstellung führt, schafft Selbstbewusstsein, Stolz und Bindung. Messen lässt sich affektives Commitment am einfachsten, indem man seine Mitarbeiter fragt, ob sie die eigene Marke ihren besten Freunden empfehlen würden. Bei einem „Nein!" ist klar, was zu tun ist.

NEURIED

Zunächst lustig. Aber der Kunde schließt derart konditioniert beim rechten Törtchen auf Ladenhüter. Man nennt das „Priming"!

Und das Naming total heterogen: Der Topseller klingt nach morgenländischer Verheißung und der powerglasierte Pfirsich so banal nach Jacobs Krönung.

INGOLSTADT

Das lässt darauf schließen, wie es in der Küche zugeht. Also runterschalten und Gas geben!

Eine denkwürdige liebe Geste von Bothaus, ausladender geht's nicht.

Swiss Apéro!

Wie bringt man einem ganzen Nachbarland ein ganz besonderes Detail des eigenen Alltags am allerbesten näher? Vor allem, wenn es sich dabei um einen vordergründigen Ausdruck des gepflegten Lebensgefühls handelt und dieses hintergründig viel zu tun hat mit der Ruhe und Gelassenheit, die gern bewundert und um die man oft beneidet wird? Es geht dabei um weniger Hast und Hetze, dafür den Moment genussvoller Rast, des Innehaltens mit Kollegen und Geschäftspartnern, Freunden und Familie; am liebsten jeden Tag. Es sind die Schweizer, die das meisterhaft beherrschen. Und die Deutschen sollen sich für ihren eigenen bewussteren, entschleunigten, genussgeladenen Alltag ihr Stückchen davon abschneiden.

Zwischen dem Tag und dem Abend, der Arbeit und dem Feierabend, dem kleinen „Zvieri" nachmittags und dem großen Nachtessen hocken sich die Schweizer für eine Weile gern zusammen. Sie reden miteinander, trinken einen Schluck Wein, essen einen Bissen Herzhaftes. Sie tun es nach der Arbeit, bevor es nach Hause geht, und zu Hause vor dem Abendessen, im Geschäftsleben, bei Vernissagen und Vorträgen, auf Hochzeiten und Geburtstagen. Es fördert die Geselligkeit und ist auch gut fürs Netzwerken. Sie nennen es den „Apéro": keine Brotzeit, sondern eine Auszeit, das ist der große Unterschied; also nichts zum Sattessen. Er gehört zur Kultur und überbrückt das Warten auf das eigentliche Essen.

Die Spanier haben ihre Tapas, die kennen die Deutschen, die Schweizer haben ihren „Apéro" – den kennen die allermeisten nicht. Das muss sich ändern!

Wie ändert man es am besten, macht diese Kultur unwiderstehlich bekannt? Es geht auf den klassischen Wegen, mit Anzeigen und Broschüren, PR, Website und Online-Bannern, Social Media und Youtube ... Solche Kanäle braucht es immer. Allerdings, in diesem Fall geht es nur damit nicht: Wie soll man da dieses unbeschreibliche Gefühl bekommen, auf den einzigartigen Geschmack kommen? Beim Swiss Apéro für Deutschland gilt deshalb: Das Feeling ist das einzig wahre Believing. Die Schweizer wissen sehr genau, dass sie es nicht für, sondern mit den Nachbarn machen müssen. So machen sich die Marketingleute von Proviande, der Branchenorganisation der Schweizer Fleischwirtschaft, auf eine ganz besondere Mission: Wir bringen den Deutschen die Schweizer Kultur! Mehr als das, wir lassen sie gleich am „Apérölen" teilhaben! Dafür muss man eintauchen in diese Welt, sie mit allen Sinnen spüren. Die Schweizer Gastlichkeit muss förmlich in der Luft liegen. Daniela Haller, bei Proviande verantwortlich für das Exportmarketing, sagt: „Klassische Anzeigen sind schwierig, wir wollen ja unser Produkt, unsere Marke erlebbar machen – die ganze Kulinarik, den Lifestyle. Dazu gehört schon mehr." Dieses Mehr ist die Swiss Apéro Popup-Bar: deutsche Großstadt, Standort mittendrin, drei Wochen Swissness pur. „Die Leute können sich dort entführen lassen in die Schweiz und werden verführt von unseren Produkten."

Dafür, dass es so weit kommt, gibt es die schöne Geschichte: Ein netter junger Deutscher, Freund ihrer Tochter, besucht sie daheim in Bern. Frau Haller will ihm etwas bieten und spricht von einem Apéro. „Da hat er gesagt, das kenn' ich nicht, meinst Du den Aperol Spritz?" Nein, den meint sie nicht. Sie spricht von Käse und luftgetrocknetem Fleisch, schön präsentiert auf einer schwarzen

Schieferplatte, dazu ein Glas Wein. „Da wurden die Augen immer größer!" Feeling is Believing, auch für Felix aus Stuttgart. Seine Reaktion regt zu der Frage an, mit der alles anfängt: Was, die Deutschen kennen unseren Apéro nicht? Das führt zu ausgiebiger Marktforschung im Land der Ahnungslosen, und die bestätigt alles. Damit sind 84 Millionen Herzen ausgeguckt, die es zu erobern, und genauso viele Gaumen, die es zu begeistern gilt. So geschieht es dann – in Stuttgart, München, Düsseldorf ...

Unternehmen, die future-ready sind, bevorzugen die große Idee statt des großen Budgets. Mit Geld geht immer alles, aber dann – das ist der Unterschied, den man immer spürt – kommt es oftmals nicht von Herzen. Hier soll sich der investierte Werbe-Franken in mindestens zwei Wirkungs-Euro ummünzen. Das funktioniert mit der Kraft des gut geplanten, besser inszenierten und am besten erzählten Contents; online, offline und vor allem on location – in der Popup-Bar. Alles für das eine clevere Ziel: „Wir gewinnen die Deutschen zuallererst nicht dafür, Schweizer Produkte zu essen, sondern dafür, Schweizer Kultur und Lebensart zu pflegen." Das Herangehen so herum ist das Entscheidende.

Wer sich dafür gewinnen lässt, genießt Bündnerfleisch vom Schieferplättli, die bekannteste Schweizer Fleischspezialität, original aus Graubünden. Was so heißt, ist geschützt, darf nur von hier kommen. Gepökelt, gewürzt und einige Wochen gelagert; anschließend mehrere Monate getrocknet und nicht geräuchert. Das Endprodukt hat nur noch halb so viel Gewicht, dafür die volle Dosis an Proteinen, Mineralstoffen und Spurenelementen. Die zweite schöne Sache ist das Appenzeller Mostbröckli – besonders mageres Rindfleisch aus der Keule mit nur gut 2 Prozent Fett; gesalzen, einige Stunden kalt geräuchert (das ergibt den rauchigen Geschmack) und ebenfalls lange an der Luft getrocknet. Es heißt so, weil man vor langer Zeit Most und noch keinen Wein zu seinen Bröckchen trinkt. Alles ziemlich lecker und auch noch sehr gesund. Dennoch: „Wir setzen auf das Lustprinzip und nicht auf die Vorzüge gesunden Essens. Allerdings entspricht unser Fleisch voll den Ernährungstrends." Und dem Trend zum Bodenständigen, zum Slowfood auch: „Es wird produziert wie bei den Bergbauern im 14. Jahrhundert, mit Salz, Luft und halt viel Geduld."

Was kommt sonst noch auf das Plättli? Walliser Trockenfleisch (etwas milder und saftiger, auch hochpreisiger als das Bündnerfleisch), Bündner Rohschinken vom Schwein, Salsiz, die Trockenwurst, der Sbrinz, ein Hartkäse aus der Innerschweiz; außerdem Baumnüsse (die Schweizer Antwort auf die deutsche Walnuss) und Trauben. Der Wein dazu ist gern ein Weißer, beispielsweise der Petite Arvine von der Domaine des Muses im Wallis („nach Belüftung fruchtige Aromen von Zitrusfrüchten, Grapefruit und Rhabarber, mineralisch mit einer leichten Salzigkeit"); oder lieber doch ein Roter, wie der Malanser Blauburgunder von Peter Wegelins Scadenagut in Graubünden („schlankes Kraftbündel am Gaumen, rassig, kraftvoll und mundfüllend, gleichzeitig burgundisch fein").

Die ersten Vorschläge für das Interieur der Popup-Bar sind so, wie der Deutsche sich landläufig die Heidi und ihr bergiges Land vorstellt: Hütte, Arvenholz, Mordsgaudi ... „Genau das wollen wir nicht. Wir wollen das moderne, zeitgemäße Setting mit dem klaren Schweizer Absender." Wie es aussieht und sich anfühlt, erlebt man auf swiss-apero.com: Es gibt da drinnen dunkles Holz, Metall und Stoffe, gedämpftes Licht und viele Kerzen – und die schwere Schneidemaschine fürs Fleisch, original Berkel, als das zentrale Signature-Piece. Tradition, ganz modern. Und die Gastgeber? Sind eben keine Profis, schon gar nicht vor Ort angeheuert, sondern echte Schweizer, Apéro-Liebhaber obendrein. Viele Kollegen von Proviande in Bern: Rahel ist Fachmitarbeiterin Marketing, Samuel betreut im Marketing die Gastronomie, Esther den Bereich Ernährung. Martina aus dem Sekretariat ist auch dabei. Sie bewirten die Gäste, wie es jemand tut, der voll und ganz hinter dem Produkt steht. „Es muss total echt sein, sehr nahbar, das macht es aus. Man gönnt sich was mit guten Freunden", betont die Gastgeberin Daniela Haller. Die Gäste sprechen mit dem Service und der Service mit den Gästen; auf Augenhöhe. Dermaßen rüberzukommen ist der Anfang vom Erfolg einer Marke, die man erleben muss, um ihre Anziehungskraft zu verstehen. Es macht sie ein großes Stück weit bereit für die Zukunft. Auf diesem Weg bemerkt der Gast, dass man ihn als solchen wahrnimmt und ihm zuhört. Wer Aufmerksamkeit bekommt, der gibt auch welche. Hier gilt sie der Schweizer Apérokultur, von der man dann gern auch daheim was haben will; und mit Freunden und Kollegen.

Die Schweizer zeigen den Deutschen, wie es geht: keine Teller, kein Besteck. Das Fleisch, den Käse, Baumnüsse und Trauben nimmt man mit den Fingern. „Das ist etwas ganz anderes als die deutsche Wurstplatte", sagt Daniela Haller. Anders sollen auch die Gespräche sein, dafür gibt es das kleine „Chuchichäschtli" auf den Tischen – das „Küchenschränkchen" als deutsch-schwizerdütsches Wörterbuch; aber nur in diese eine Richtung… Hier steht unter „Apéro": „Typische Schweizer Lebensart, bei der man Genuss und Geselligkeit verbindet. Hierbei werden Fleischspezialitäten, etwas Käse und Getränke gereicht." Und „schnöre" heißt schwatzen, passt sehr gut, „schnabuliere" heißt essen, passt noch besser, „lamaaschig" heißt gemächlich, passt am besten.

Wer die Schweiz und den Swiss Apéro auf diese Art und Weise kennenlernt, tut das ganz besonders gern, was jeder Marketingprofi will: mit seinen Freunden reden über das Produkt, mit ihnen wiederkommen in die Popup-Bar, auf Social Media posten und teilen. Am liebsten will er jetzt selbst zu einem einladen. Proviande verzeichnet jedes Mal Hunderttausende unique Visitors auf Facebook und fast nur positive Kommentare; die

Foodblogger berichten; und draußen, im richtig deutschen Leben, das etwas schweizerischer werden soll, geht es los: Edeka listet das feine Fleisch und ausgewählte regionale Händler ebenfalls. Die gemischten 100 Gramm für um die 6 Euro, vom sortenreinen Bündnerfleisch gibt es dafür 80 Gramm. Damit es immer mehr hochwertige Händler werden, läuft nun, nach diesen Erfahrungen und weiteren Tests mit den eigenwilligen Nachbarn, was ihren Geschmack betrifft, die Vertriebsoffensive in die Feinkost- und Supermarktregale: „Der Deutsche mag den luftgetrockneten Rinderschinken am liebsten, nicht roh, nicht gekocht, den gibt es in Deutschland so nicht."

Besondere Herausforderung ist, den Drive aufrechtzuerhalten, wenn die eine Popup-Bar zumacht und die nächste noch nicht auf ist. Und ihn dorthin zu lenken, wo noch mehr Begehrlichkeit beim Genießer und mehr Nachfrage beim Händler entsteht. Das Wort der Stunde dafür ist Content-Marketing, gedruckt genauso wie online und im Video. Wer darunter mehr versteht als bloß den Modeausdruck und wirklich spannende und berührende Geschichten erzählt, ist future-ready: Sie tun es mit dem Food-&-Lifestyle-Magazin „Typisch Schweiz", online, auf typisch-schweiz.com. Die Frage aller Fragen gleich auf der Startseite: „Apér-wie?" Immer mehr Deutsche wissen die Antwort. Wenn es darum geht, gastlich und gesellig auf höherem Niveau zu sein, schauen sie über den Tellerrand ihrer Esskultur hinaus – und machen einen Apéro. Auf der Website gibt es Futter dafür und drum herum, vom Zuger Kirsch, dem „Obstbrand von Weltruhm", bis zur Herstellung des Alpkäses im Saanenland. Hier erläutert auch eine Expertin für interkulturelle Kommunikation, wie die Schweizer ticken, wenn sie Deutsche treffen, und es geht weiter mit den Sprachschätzchen aus dem Chuchichäschtli.

Außerdem vieles und noch mehr über Bündnerfleisch und Mostbröckli und Salsiz und Sbrinz und den guten Wein dazu.

Eine regelrechte Anleitung für den vollendeten Apéro. Bewusst genießen soll man ihn, langsam essen, das Leben dabei zelebrieren. Man begegnet Bergbauern und Käsern, die für ihr Handwerk leben, im Film. Es sind die Leute, die in Graubünden und Appenzell das tun, was sie (und wie sie es) dafür tun, dass der Apéro mit ihren Spezialitäten etwas ganz Besonderes wird. Man spürt ihren Stolz darauf, in den Schweizer Bergen zu wohnen und zu arbeiten. Daniela Haller: „Sie sprechen aus dem Herzen. Das berührt mich jedes Mal sehr tief. Diese Emotionen sind gut eingefangen mit dem Bildern und Gesprächen. Das macht unser Onlinemagazin über die Schweiz einzigartig."

Einzigartig, vor allem, sind sie mit dem Apéro. Er trifft in Deutschland auf den Trend zum stilvollen leiseren Genießen. Und zwar auf eine Art, die noch nicht jeder kennt und jeder pflegt. Die Apéröler sollen mehr werden in Deutschland. Aber so ein bisschen ein Geheimtipp darf er ruhig noch einige Jahre bleiben: Ein starkes Produkt, das wirklich future-ready ist, macht vor allem auch aus, dass es nicht für alle ist.

Mehr Bullshit-Bingo geht nicht! Die ganzen Kraftausdrücke bewirken bei mir mehr als die ganzen Phytopolymere (oder wie das heißt).

BASEL

Das „Switzerland" da oben rechts ist viel zu klein. Die hoch attraktive Landesmarke groß und zentral in der Mitte würde überhaupt keinen zusätzlichen Kosmetiksprech benötigen.

Toller Fake: „Jack Talker Black Level" – wie viel hat man bloß für diese Fantasie vom Original intus?

Wieso Fake? Nicht unser Problem, sagen die Ukrainer, wenn man bei diesem Anblick an seinen teuren Kumpel Johnnie Walker denkt.

be-harr-lich!

Nichts ist so langweilig wie das Führen einer wahnsinnig starken Marke. Es führt dazu, dass die Produktmanager von Fanta mit neuen Geschmacksrichtungen und Designs experimentieren. 2010 gibt es kurzzeitig den „Fanta World Mexiko Beeriger Fruchtmix" – eine auf sechs Monate limitierte Edition. Der beträchtliche Restlagerbestand darf im Anschluss nur als Aktionsware beim Lidl verkauft werden. Bei der großen Schwester Coca-Cola ist so etwas undenkbar. Hier muss sich der Manager allzeit mönchgleich kasteien und in fortwährender Selbstkontrolle und Enthaltsamkeit üben. Sein Produkt schmeckt immer und überall gleich; das Rot ist immer gleich rot und der weiße Schriftzug immer geschwungen. Wo auch nur im Ansatz möglich, weist man das Personal dazu an, den Ausschank einem strikten Ritual zu unterwerfen: Man nehme die original Konturflasche, kühle den Inhalt auf die Idealtemperatur von 3°C herunter und gebe ihn auf gecrushtes Eis in einem 6,5 Unzen fassenden Originalglas.

> *Warum bloß? Fanta ist doch Orange und sonst nichts! Nutella macht ja auch nicht aus lauter Übermut was mit Mandel und ohne Haselnuss.*

Erlaubte kreative Individualität: 0,0. Im Video-Tutorial über den wahrhaftigen Coca-Cola-Genuss wird zudem dringend zum gemeinsamen Trinken in behaglicher Atmosphäre geraten. Das stärkt den sozialen Aspekt. Dass Coca-Cola seine Markenrituale bis in kleinste Verästelungen hegt und pflegt und lebt, macht die Stärke der Weltmarke aus. Solche Beharrlichkeit gibt ihr das so unverwechselbare Gesicht in der Menge. Sie macht sie so glaubwürdig und nachhaltig – und gibt Mitarbeitern und Agenturen klare Leitplanken für das tägliche Navigieren in den so stürmisch gewordenen Online- wie Offline-Marketinggewässern.

Und dass sie in gut 130 Jahren Geschichte nur ein einziges Mal ihr Logo verändert hat, erst recht. Pepsi hat das in ähnlich langer Zeit neunmal gemacht und ist schon deshalb viel weniger beliebt und wert.

Einer Untersuchung des Statistikportals Statista zufolge investiert Procter & Gamble 2015 10,4 Milliarden Dollar in Werbung. Der niederländische Wettbewerber Unilever ist im selben Jahr mit 8,9 Milliarden Dollar dabei, und L'Oréal mit 8,2 Milliarden Dollar, und Volkswagen investiert 6,6 Milliarden Dollar in aufwendige Produktionen und Kampagnen. Nur Google setzt in diesem Zeitraum auf Reduktion und Tristesse (und schafft es laut den amerikanischen Meinungsforschern von Millward Brown dennoch zur weltweit wertvollsten Marke des Jahres 2017): Anstelle des seit Anbeginn opulent mit Serifen dargestellten Schriftzugs erscheint das Logo jetzt als schnörkellose bunte Wortmarke. Einfallslos, bocklos, profillos, sollte man meinen. Das Gegenteil ist allerdings der Fall. Die Entscheidung von Google zur Schlichtheit ist – wie sollte es auch anders sein – dem Ergebnis einer umfangreichen Mediennutzungsanalyse unter heavy Usern geschuldet. Dies vor dem Hintergrund, dass inzwischen überall gegoogelt wird – vor allem auf dem Smartphone und der genauso smarten Uhr. Da ist es vor allem wichtig, dass sich das Logo ohne Ladehemmungen überall schnell und in gleich guter Qualität aufbaut. Niemand will in einem Business, in dem es um Millisekunden geht, länger als unbedingt nötig auf Suchergebnisse warten, nur weil die Serifenschrift irgendwo in der Luft festhängt. Ein banaler und gleichzeitig so wichtiger

Grund für die neue Gestaltung. Abseits dessen ist die Schrifttype für die Wahrnehmung der Marke Google völlig unbedeutend. Vielmehr wird sie aufgrund der farblichen Zusammensetzung der Buchstaben erkannt und erinnert; und weil das Logo – bei aller Freiheit, die man sich immer wieder aus aktuellem Anlass bei der Veränderung für einen Tag nimmt – immer komplett auf weißem Grund steht. Erkenntnis der Forschung, ganz einfach: Der Mensch dekodiert das Farbschema deutlich schneller als das Inhaltsschema.

> *Früher haben wir immer „Never touch the logo!" gesagt. Heute empfehlen wir lieber: „Mach's wie Google – nur ganz anders!"*

Beharrlichkeit ist schön langweilig – ein echter Mehrwert in turbulenten Zeiten.

Googles Mission ist es, die weltweite Informationsflut zu steuern und zu beherrschen („to organize the World's information"). Sie hat enorme Relevanz: Überall sind die Menschen informationsüberladen und wünschen sich nichts mehr als ein bisschen Ruhe und Ordnung im digitalen Tsunami. Sie wollen – im schönsten Sinne des Wortes – die lange Weile. Was das ist (und dass es alles andere als negativ ist), wissen sie nicht mehr richtig, aber etwas Ahnung davon bleibt. Da gibt es kaum etwas Schöneres als die aufgeräumte Website im schlichtestmöglichen Design. Der Besuch der Seite von Google wirkt beruhigend und beschert dem Besucher einen cleanen Ausgangspunkt, einen tiefen Atemzug frischer Luft für die nächste Recherche. Keine unnötigen Funktionen und Schaltflächen müssen kognitiv verarbeitet, keine 3-D-Wirkung des Schriftzugs mühevoll dekodiert werden. Die einen nennen es langweilig, die anderen bejubeln es als kundenzentriert. Henkel & Berndt sagen: Chapeau! Google bleibt der Purheit treu und macht modischen digitalen Firlefanz nie mit. Dabei erkennt man immer wieder aufs Neue, worauf es den Nutzern wirklich ankommt. Sie hoffen, dass auch die Suchergebnislisten eines Tages mit wenigen Zeilen auskommen statt aus

> *Das ist so einfach wie zeitgemäß. Warum geht Yahoo lieber langsam unter im digitalen Verhau, statt dass sie es genauso machen?*

Millionen Resultaten zu bestehen. Was nämlich hilft der aufgeräumteste Eingang, wenn schon um die erste Ecke rum das totale Chaos tobt?

Da wird sich doch mit Geld was machen lassen: Wer zahlt, ist nicht nur vorn, sondern kriegt auch ordentlich Abstand zu den Wettbewerbern …

Stell Dir vor, Du gehst in Deine Eisdiele und willst zwei Kugeln von Deinem Lieblingseis. Aber dann stellst Du fest, dass das nicht erlaubt ist. Zwei Kugeln von einer Sorte – wo kommen wir denn da hin? Bei Ben & Jerry's in Australien sind die so drauf: Das Management setzt sich gemeinsam mit anderen Markenikonen wie Airbnb und Qantas für die Gleichstellung der Homoehe ein: „We believe in equality for everyone, everywhere—no matter who they are or who they love." („Wir sagen, alle Menschen sind gleich, unabhängig davon, wer sie sind und wen sie lieben.") Die Idee hinter der Aktion ist so einfach wie wirkungsvoll: Wenn zwei Menschen desselben Geschlechts in Australien nicht heiraten dürfen, gibt's in den 26 Filialen eben maximal eine Kugel einer Sorte in derselben Waffel. Period! Was zunächst nach einem Coup aussieht, der einzig auf den inszenierten Eklat mit hoher Aufmerksamkeitswirkung abzielt, ist bei genauem Hinsehen die konsequent gelebte Markenpolitik der als unbeugsam bekannten Eismarke im Beritt von Unilever. Die Story von Ben & Jerry's ist die der Kumpels Ben und Jerry. 1978 absolvieren sie einen Fünf-Dollar-Eismacher-Fernkurs an der Penn State University und lernen, wie man leckeres Eis in außergewöhnlichen Geschmacksrichtungen macht. Gut angelegtes Geld. Ein Jahr später gründen die Überzeugungshippies mit 12.000 zusammengeliehenen Dollars den ersten Ben & Jerry's Scoop Shop in einer umgebauten Tankstelle in Burlington, Vermont.

Ich war mal dort. Alles ganz konsequent superschräg. Da haben sogar die Milchkühe einen an der Eiswaffel.

Was folgt, ist gelebte Markengeschichte, die vom ersten Tag an drei Grundsätzen folgt:

1. Wir machen die beste Eiscreme.
2. Wir betreiben unser Business, um Gutes zu tun.
3. Wir wollen Spaß haben.

Beharrliche Marken haben Charakter!

Kaum ein Eis ist cremiger, reichhaltiger und verrückter als das von der mittlerweile weltweit in Bechern verkauften Kultmarke. Die Sorten heißen „Bob Marley's One Love", „Karamel Sutra" und „What-a-lotta Chocolate". Bei denen nimmt sich keiner allzu ernst. Eis isst man schließlich, um Spaß haben. Mit ebendiesem Augenzwinkern macht man sich auch vom ersten Tag an für die politischen und ethischen Überzeugungen der Macher stark. Beim Kauf der Zutaten setzen Ben und Jerry schon auf Fairtrade, als die Amerikaner noch mit 6-Liter-V8-Motoren durch Vermont cruisen. Seit 1989 werden Milchbauern boykottiert, die ihren Kühen Wachstumshormone geben. Und mit der Klon- und Gentechnik-Lobby, die nach Dolly, dem Schaf, nun auch herdenweise Superkühe züchten will, legt man sich seit der Jahrtausendwende publikumswirksam an. Eis von naturbelassenen glücklichen Kühen schmeckt besser, vor allem gegessen mit gutem Gewissen. 7,5 Prozent des Vorsteuergewinns fließen in die Ben-&-Jerry´s-Stiftung, die sich um soziale und gesellschaftliche Projekte kümmert. Das ändert sich auch nach der Übernahme durch Unilever im Jahr 2000 nicht. Trotz – oder gerade wegen – des neuen Eigentümers hat die Marke nach wie vor ein unabhängiges Management. Es folgt dem Credo „Hereos of Ice-Cream, Hungry for Justice." Die so pure wie idealistische Einstellung ermächtigt unumstößlich dazu, für die Qualitäts- und Ethik-Standards einzutreten und sie selbst gegenüber einem Gewinnmaximierer wie Unilever konsequent durchzusetzen.

Die auf Beharrlichkeit ausgerichteten Strukturen sorgen bis heute dafür, dass Unilever bei Ben & Jerry's durchweg höhere Standards zugrunde legen muss, was die Zutaten und den Umgang miteinander angeht, als bei Magnum von Langnese. Die konsequente

Markentreue erlaubt Aktionen wie die in Australien, die neben dem so glaubwürdigen Nachweis ultimativer Beharrlichkeit ganz nebenbei ordentlich PR beschert.

Wenn Ben & Jerry's die zweite Lieblingskugel der absoluten Lieblingssorte verweigert, fördert das nicht gerade den Umsatz. Wenn daraufhin allerdings selbst konservative Politiker diskutieren, ob ein Verbot der gleichgeschlechtlichen Ehe noch zeitgemäß ist, wird das Unternehmen dem selbst auferlegten gesellschaftlichen Auftrag radikal gerecht. Wer durchzieht, was ihn antreibt, tut etwas für Authentizität und Glaubwürdigkeit und setzt sich on the long run immer durch. Das unterstützt immer auch das so idealistische wie schließlich auch kommerzielle Geschäftsmodell. (Die Freaks aus Vermont behaupten nie, dass ihr Laden ein eingetragener Verein ist.) Der Blick auf die Eiskarte und die dortigen sportlichen Tarife zeigt: Echtes Hüftgold hat seinen Preis. Und wer viel verdient, kann viel Gutes tun.

Man sieht das bei Wolfgang Grupp und Trigema. Mehr Konsequenz geht nicht – sollen sich die Lästerer doch die Mäuler zerreißen!

Beharrlichkeit schafft Regeln, die im Digitalisierungsdschungel Orientierung geben.

Eine eindeutige und standhafte Positionierung verschafft nicht nur Kunden Klarheit, sondern vor allem auch den Mitarbeitern sowie den Dienstleistern, die täglich mit der Marke arbeiten. Besonders in Zeiten der Social Media ist jeder Mitarbeiter immer auch Repräsentant des Unternehmens. Darüber hinaus zwingen die Erwartungen der Kunden, vor allem was kurze Antwortzeiten und individuelle Antworten auf jedwede Kontaktaufnahme angeht, die Unternehmen dazu, die Anzahl derer, die sich in ihrem Namen äußern dürfen, signifikant zu erhöhen. Bloß ein Leiter Kommunikation, der für alle Anliegen da ist, genügt nicht mehr. Vielmehr beschäftigt man sogar Agenturen, die für jeden Post pauschal bezahlt werden, den die dort tätigen Nerds von der abgerockten Couch und ihrem iBook aus auf die Fangemeinde loslassen. Eine Kontrolle von allem und jedem durch den Markenverantwortlichen sowie lange verbreitetes Mikro-Management sind da gar nicht mehr möglich. Es sollte nur klar sein, wie die Marken-Persönlichkeit auch das Verhalten in der digitalen Welt klar definiert.

Beispielhaft voran geht hier die Lufthansa mit der Kampagne #inspiredby: Im Kampf um Premiumkunden erkennt man, dass rein funktionale Argumente auf der Basis von Kabinenausstattung, Sitzfunktionen und Weinqualität nicht ausreichen; schon gar nicht auf der von „Bereits ab"-Preisuntergrenzen. Gegen die staatlich subventionierten Airlines aus Nahost ist auf dieser Ebene kein Kraut gewachsen. Um stattdessen zu gefühlig zu sein und sich dadurch abzuheben, setzt die Fluglinie lieber auf ihr größtes Kapital – die Menschen, die für sie arbeiten: „In unserer Crew gibt es viele interessante Menschen, vom finnischen Zahnarzt über den promovierten Juristen bis zur spanischen Flamenco-Tänzerin", begeistert sich der Marketingchef Alexander Schlaubitz für die Breite und Tiefe der Biografien seiner Kollegen. „In ihrer Vielfalt sind sie einzigartig, differenzierend und nicht kopierbar." Auf der Plattform #inspiredby erzählen sie von ihren Reisen und Erlebnissen. Dabei ist alles erlaubt, solange es mit Reisen und mit Lufthansa zu tun hat, inspirierende Momente bietet und von Herzen kommt. Diese Form der Kommunikation kommt echter rüber als die üblichen Agenturtexte. Vor allem lernt man wirklich etwas über Land und Leute. Die Lufthansa möchte in einer behutsam kontrollierten Umgebung besondere Augenblicke für ihre Kunden schaffen. Wenn die sich auch noch teilen lassen – und man es gern tut –, umso besser.

Verspätungsfrust kommt auch von Herzen. Ich frage mich, inwiefern die moderieren oder sogar zensieren.

Ich verstehe: die Akku-Verkaufsanzeige bei Einhell im Foyer. Wieso fotografierst Du die erste Zahl nicht mit?

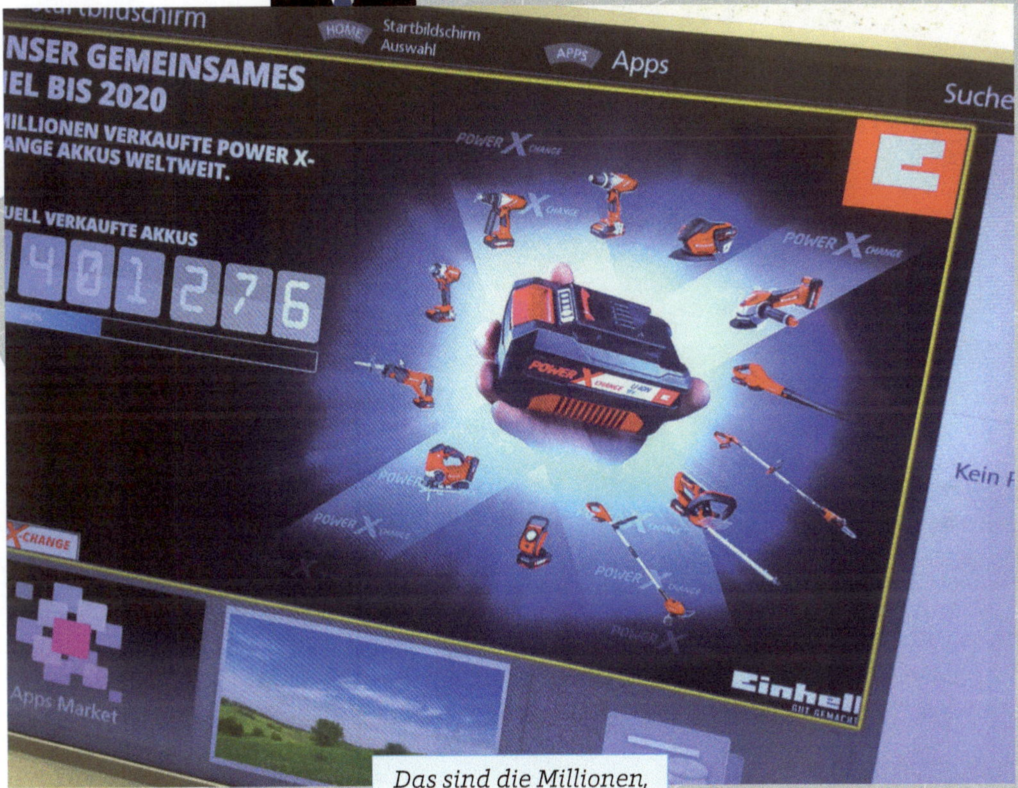

LANDAU

Das sind die Millionen, die zählen da ziemlich schnell rauf.

NEVER
DRUNK
ALONE.
Jose Cuervo | WHO'S IN?
RÉMY MARTIN
THE CELLAR MASTER'S SELECTION
N°16
TRAVEL RETAIL EXCLUSIVE

Das glaub ich jetzt nicht: Am Münchner Airport machen sie Junk & Trash Communication!
Despektierlich! Damit ist alle Begehrlichkeit dahin, und das Zeug kommt in mein Kadett sein Kühler.

Steigenberger Grandhotel and Spa Heringsdorf!

Ein Hotel zum Entspannen und Erholen, das ein sehr gutes, sehr schönes sein will, kommt dafür, dass es auch so ist, am besten gar nicht erst daher wie ein Hotel. Es gibt viel zu viele, und alle reden von Entschleunigen und Wellness und – wenn es ganz dicke kommt – davon, dass man da „die Seele baumeln lassen" kann. Abgesehen davon, dass niemand jemals hat solch eine arme Seele woran auch immer baumeln sehen: Bei den meisten fehlen, abseits der vollmundigen Attribute und Prädikate, die wirklich eindeutigen, unverwechselbaren Unterscheidungsmerkmale. Es sind die, die den Gast kommen und vor allem wiederkommen lassen. Wo es im Grunde nur um Essen, Trinken, Schlafen geht, stecken sie einerseits in den Baulichkeiten und andererseits, vor allen Dingen, in den Menschen. Die haben es in der Hand, diesen Ort zum schönsten Ort auf der ganzen Welt zu machen. Ob sie es tun, hängt davon ab, dass sie erstens wissen – was ihn so besonders macht; zweitens wollen – das Service-Gen in sich tragen und von Grund auf motiviert sind; drittens können – bestens geschult und dazu befähigt sind, ihren Wertbeitrag der jeweiligen Situation angepasst immer wieder neu zu leisten.

Fokus Menschen im Hotel: Der Anspruch, ideale Gastgeber zu sein, klingt so leicht und ist so diffizil. Zwischen dem desolaten „Ich mach hier nur meinen Job!" und dem devoten „Der Gast hat immer recht!" liegen fifty shades of Perfektion. Das eine Extrem ist das, wo der Gast sofort den Zettel auszufüllen hat, egal was ist; und wenn er gestresst ist von der Fahrt, sich noch umziehen muss und dann gleich zum Dinner will.

„Wir haben da unsere Vorschriften." Das andere Extrem ist das, wenn das Personal über dem Hochflorperser einschwebt, vornehmer als die Kundschaft, und parliert in der dritten Person. Wie ist nun die richtige Dosierung? Im Grunde ist es so einfach: Nahbar soll ein Mitarbeiter sein; wahrlich interessiert an der Welt und ihren Dingen; intuitiv angetrieben dem Wunsch des Gastes immer einen Hauch voraus; ihm zunächst aufmerksam zuhören, dann so sinnlich wie inhaltlich bereichernd auf Augenhöhe begegnen. Ihm einfach eine feine Zeit bereiten. Dies in einem Haus, das sich Grandhotel nennt und, obwohl nicht klassifiziert, eine ganze Handvoll Sterne hat. „Es ist", sagt der Direktor, „eigentlich kein Hotel, sondern ein luxuriöses entspanntes Ferien-Haus." Was es vor allem ausmacht, ist dieses wundersam Relaxte, „das bringt man zunächst mit ‚Luxus' und ‚Grand' nicht unbedingt zusammen".

Auf Usedom, entlang der Strandpromenade und des 42 Kilometer langen Sandstrands, zeigen sie im Steigenberger Grandhotel and Spa, was sie darunter verstehen. Der Direktor ist Carsten Willenbockel, vormals Robinson und Arabella Sheraton, A-Rosa und Aida, jetzt in Heringsdorf vor und hinter 120 Menschen und genauso vielen Zimmern im Haupthaus, das sie Grand Palais nennen. Außerdem gibt es Studios in den Seaside Residences und Superior-Studios in der Villa am Meer und der Villa Augusta, alles erst 2011 eröffnet. Sie haben einen richtigen Park, durch den man zwischen Rosen und sehr rund geschnittenen Buchsbäumen und Objektkunst aus Stein wandelt, besonders gern im Bademantel, und doch mal lieber nachsieht, was die Kleinen ganz da hinten in der Kindervilla treiben. Dort hängt ein Kärtchen aus München an der Pinnwand: „Ganz herzlichen Dank für wunderschöne Tage. Die Kinder haben noch oft vom Piratenfest erzählt. Danke auch für das Nachschicken des Seepferdchens." Gleich zwei Wellnessbereiche haben sie auch – den ganz großen salzigen vor der Tür, reicht bis nach Dänemark, und das Baltic Sea Grand Spa Usedom auf

2.000 Quadratmetern und zwei Etagen; mit einem Außenpool, in dem man sogar richtig gradeaus schwimmen kann.

Es ist ein Haus von Steigenberger; aber nicht fürs Business und auch nicht in der Stadt. „Die schöne Tradition des Markennamens hilft ein bisschen, um uns einzuordnen und zu spüren, wo wir herkommen, von da ab übernehmen wir." Was genau macht es denn aus, wirklich „Grand" zu sein? Herr Willenbockel sagt, es sind das Haus, der Standort und die Entspanntheit. „Vor allem muss man sich davon lösen, was man selbst darunter versteht, sich stattdessen in den Gast hineinversetzen." Ganz bestimmt machen es die Großigkeiten aus, wie die Boxspringbetten aus der Fränkischen Bettwarenfabrik in Neustadt an der Aisch. Der Kenner schätzt, wie er darin ruht, noch dazu in dieser klaren Seeluft reich an Aerosolen. Eher groß auch ein Detail: Die Zimmertüren knallen hier nicht zu. So soll, ja muss es sein in einem solchen Haus.

Es sind Mittelgroßigkeiten wie die, dass der Direktor beim Frühstück nicht von Tisch zu Tisch geht und man deshalb nicht befragt wird, wie man wohl geschlafen und was man heute vorhat: „Das ist nicht authentisch." Lieber lädt er für Samstagfrüh zum Joggen, die Promenade runter Richtung Polen, bis nach Ahlbeck an die Seebrücke und am Strand zurück. Wer dann noch kann, zieht gegen Mittag wieder mit ihm los, spazieren gehend bis zur anderen, der Heringsdorfer Seebrücke, 508 Meter weit auf die Ostsee, die längste in Kontinentaleuropa. Auf dem Weg dorthin erklärt er, weshalb man auf der Seepromenade zweispurig flaniert (die Kaiserbadbesucherinnen wollten hin und her denselben Weg nicht zweimal gehen) und was es in direkter Nachbarschaft des Grandhotels mit der Villa Delbrück (die Bankiers, ausgangs 19. Jahrhundert) auf sich hat und mit der Villa Oppenheim, dem Weißen Haus von Heringsdorf (ebenfalls Finanzadel, später Erich Mielkes Lieblingsresidenz).

Das „Grand": Es machen vor allem auch die Kleinigkeiten, etwas wie die Runde frisch aufgeschnittener Melone für alle am Pool. Die „Moments of Surprise", nicht immer, lieber jedes Mal etwas anderes, sonst ist es keine Überraschung mehr. In einem solchen Haus genügt es nicht, Erwartungsqualität zu bieten. Vielmehr geht es um die Überraschungsqualität, immer wieder aufs Neue, grade für die Stammgäste. Es sind die Produkte von Comfort Zone im Spa, aus Italien, „Entspannung für Leib und Seele" steht bei denen auf der Website, da sind sie hier grandrichtig. Herr Willenbockel schwärmt direkt vor der Vitrine davon, was diese Creme mit der Seelufthaut so anstellt während der Gesichtsbehandlung ... Und bei der Abreise passiert es, dass der Wagenmeister einen Schwamm mit „Best Wishes" für die Fahrt nach Hause hinter die frisch geputzte Windschutzscheibe legt. Alles kann, wenig muss im Steigenberger Grandhotel and Spa in Heringsdorf: Das ist, was er unter echtem Umgang mit dem Gast versteht. Und der macht bereit für eine große Zukunft.

Hier pflegen sie das, was man Laisser-faire nennt; auf oberstem Niveau, ohne Steifigkeit und Floskelformeln. Früh- und Spätstück gibt es bis halb zwölf, wie zu Hause auch, wenn man freihat und lange und genussvoll überlegt, was man mit dem Tag anfängt: mit dem Rad nach Swinemünde, Polen (da erfährt man, was „Europa" bedeutet), mit der Usedomer Bäderbahn nach Peenemünde (da erlebt man, was jüngere deutsche Geschichte ausmacht), zu Fuß ans Wasser gegenüber, am Flutsaum spazieren und Strandkörbe besitzen (da tut man nichts, wahlweise gar nichts, außer den Möwen und der Brandung lauschen). Oder gleich in die erste Etage, zum „Signature Treatment Baltic Royal": atembefreiende Wärmepackung mit Zitronen-Thymian-Duft, Ganzkörper-Ölmassage, Hot-Stone-Stempel, 70 Minuten Erlebniszeit. Feine Pläne für schöne Tage – Usedom hat jährlich etwa 2.000 Sonnenstunden und ist damit in Deutschland ganz vorn – und für schöne trübe auch. Mittagsküche und Nachmittagskaffee gibt es im Restaurant

Waterfront. Sie öffnen es zur Promenade hin für jedermann. Das macht Sinn, vor allem auch des Käsekuchens wegen: cremig, echte Vanillenote, dünner Boden, „der beste der Insel". Behaupten kann das jeder, schmecken auch. Hier hindurch geht es zum Friseur, in die Boutique, in die Bar und ins Hotel, für Einheimische genauso wie für angestammte und zukünftige Gäste. Es ist ein nahbares Haus, ohne Platz für Hemmschwellen.

Sie erzählen große Inselgeschichten und weisen auf kleinere Umstände hin. Der Chef de Rang, das Süppchen von Paprika und Ananas betreffend während des Serviervorgangs: „Wundern Sie sich nicht, wenn sie Erbse schmecken, aber keine sehen. Die Kresse ist eine Erbsenkresse." Da hat er recht. So gradlinig ist die ganze Küche abends im Lilienthal – auf der Speisekarte gibt es weder „an" (diversen Blattsalaten) noch „im Dialog" (mit zwei Sößchen); lieber „Gefüllte Perlhuhnbrust / getrüffelter Lauch / Kartoffelstrudel" und „Seehecht / Pfifferlinge / Schnittlauchpüree", so unverfälscht, wie sie auf dieser Insel sind. Und das Süppchen ist im Grunde eine Suppe. Die Auszubildende sagt gleich, dass sie noch sehr am Anfang ihrer Karriere steht, „Weinschule hatten wir noch nicht". Das macht doch nichts, es führt zum smallen Talk über Land und Luft und Leute. Und ihr Kollege, ein langgedienter Lilienthaler, weiß dafür, wo es langgeht durch die wohlgefüllten und -gekühlten Weinschränke. Auch auf diese beiden zum Abschluss ein Gläschen vom Sanddornlikör, Gutsbrennerei Zinzow, ebenfalls gut für die Haut, wenn auch zur innerlichen Anwendung. Die Bewertung von Gault-Millau gibt es gleich next door im Seaside, hier heißt Fine Dining sogar so und hat 14 Punkte.

Herrn Willenbockel freut am meisten, was die Gäste ihm erzählen – und was sie sich über das Hotel so sagen, wenn sie frisch erholt zurück zu Hause sind. „Sie können alle Kataloge, alle Homepages dieser Welt vergessen. Das Wichtigste ist, dass unsere Gäste uns weiterempfehlen und ihre Freunde und Bekannten kommen." Dafür sorgt vor allem auch, dass sie hier gern die Extrameile gehen. Es hat nichts mit Geld zu tun, viel mehr mit Wertschätzung, Aufmerksamkeit und Motivation: Langjährige Stammgäste sind wieder da, mit ihrem kleinen Sohn. Der Papa spricht beim Abschied davon, dass der Junge kein Gluten verträgt… „Solch einer Sache nehmen wir uns an." Zwar gibt es im Haus schon Glutenfreies, so genügt das aber nicht. Als die Familie wiederkommt, ist der Vater „absolut geflasht", der Junge vor allem. Nicht nur, dass die Auswahl größer ist; vor allen Dingen wissen die Mitarbeiter jetzt durch die Bank Bescheid, was alles im Haus ist – und was man daraus machen kann: aus dem glutenfreien Mehl die Extra-Pancakes, aus den besonderen Spaghetti die Ergänzung für die Kinderkarte. „Der Herr schreibt später nicht nur mir eine drei Seiten lange Mail, sondern spricht auch in seiner Welt darüber. Ganz abgesehen davon, dass er der Erste ist, dem wir einen Bademantel XXXXXXXXL besorgt haben." Die Kraft der Geschichten: Das Haus auf diese Art und Weise erlebbar gemacht, sorgt nicht nur dafür, dass die Eltern wiederkommen; später wird es wohl auch der Sohn sein, und der hat dann vielleicht auch Familie, begeisterungsfähige Freunde und Bekannte ganz bestimmt.

Überhaupt, die Gästeloyalität. Gelingt alles gut, stellt sie sich schnell ein, auch wenn das Haus noch keine 50 Jahre offen ist. Stammgäste aus Garmisch-Partenkirchen vom ersten Jahr an, viel weiter hier rauf geht es nicht, sie kommen immer mit dem Auto. Als der Mann verstirbt, fährt sie allein, mit Ende 70. „Sie hat sich noch mal alles angeschaut, beim Frühstück an den Tisch gesetzt, wo sie gemeinsam saßen. Das war ihr einfach wichtig. Und wir haben tolle Gespräche geführt, die auch für mich sehr emotional waren." Es geht um gelebte Identität. Die schaffen Menschen miteinander, die wirklich wissen, wollen, können. So kann man bei den Gästen das Schönstmögliche auslösen – dieses, wie Herr Willenbockel es beschreibt, „Home-away-from-Home-Gefühl. Das finde ich einmalig, und es ist auch für mich einer der Aspekte, die mich für diesen Job besonders motivieren. Das kriegen Sie woanders nicht!"

Was macht dieses Haus so future-ready? Zum einen geht es um das Interesse an den Menschen, an den Gästen genauso wie an denen, die hier arbeiten. Wer vom Direktor eine persönliche Mail bekommt, liest in der Grußzeile „Ihr Carsten Willenbockel & Team". Er meint es so, ist im Steigenberger Grandhotel and Spa nicht allein – sie sind 120. Zum anderen ist es der Grat zwischen der Bewahrung der Tradition, des Guten und der Offenheit für Neues. Sie gehen ihn, indem sie spüren, was dieses Ferien-Haus dafür braucht, anziehungsstark und unverwechselbar zu bleiben: „Craft-Biere haben wir früher nicht gebraucht, brauchen wir heute auch nicht; die Überbleibsel der Molekularküche erst recht nicht." Lieber sorgt der Chef dafür, dass die Mitarbeiter innerhalb der klaren Grenzen, die es für die Wiedererkennung braucht, ihre Kreativität ausleben. Sie können es, sie sollen es, müssen es sogar. „Geben Sie dem Barchef sein Spielfeld, und ich garantiere Ihnen, er wird mit zu uns passenden neuen Gin-Sorten zu uns passende Gäste begeistern, die nicht wussten, dass es so was Feines gibt." Darauf einen „Wet Sea" von Herrn Raab: spanischer Gin Mare, Paprika, Limette, Vanillesirup – und der kurz geflämmte Thymian, duftet herrlich kräuterig-rauchig. Und schmeckt auch so.

SCHNEIDER
TOHU
WABOHU

Ich mag die Art, wie die genießen. Feiner Humor!
Gute Kombi aus zwei profilierten Playern: Feldhoff & Cie. in der Immobilienkommunikation und Markus Schneider in der Bordeaux Cuvée.

Im „Eleven Stories" in Köln: Ist das ein Drink oder eine Mahlzeit?

KÖLN

Es ist ein erfüllender Moment. Ich nehm noch einen!

KALDEWEI IST FUTURE-READY:

„Die starke Mark
faktor schlechthi
konsequent
Markenführung
integraler Bestan
Unternehmen

st der Erfolgs-
Deshalb ist die
systematische
eit vielen Jahren
eil unserer
trategie."

ARNDT PAPENFUSS,
BEREICHSLEITER MARKETING

wen-dig!

Man muss nicht immer „agil" zu allem sagen, was vorangehende Unternehmen situativ reaktionsstark und zeitgemäß proaktiv und damit zukunftsfest macht. Nur weil das Wort so cutting-edge ist. Stattdessen geht auch gewandt, rege, anpassungsfähig, wandlungsfähig, behände, gelenkig, dynamisch, elastisch, dehnbar, federnd, betriebsam, flexibel, geschäftig, impulsiv, formbar, lebendig, munter, temperamentvoll, leidenschaftlich, mobil, flink, beweglich, verrückbar, leichtfüßig. Und wendig. Wie man die so notwendigen Wandlungsfähigkeiten auch nennt, sie sind immer nur das, was man – abseits allen Drüberredens – daraus macht. Agile Methoden haben die Arbeit in den IT-Abteilungen schon revolutioniert. Jetzt fassen sie Fuß in Marketing, Vertrieb und Topmanagement. Damit verbunden sind neue Werte, Prinzipien und Vorgehensweisen sowie die Abkehr von der traditionellen Führung nach Befehl und Gehorsam – hin zur Förderung autonomer, kundenfokussierter, multidisziplinärer Teams.

Sich über Modewörter echauffieren und dann selbst welche benutzen! Die „Sendung mit der Maus" kommt komplett ohne Fachbegriffe und Anglizismen aus. Denk mal drüber nach!

Deutsche Unternehmen sind eher bekannt für gründliche Planung und stabile Strukturen. Da gerät die Einführung agiler Prinzipien schnell zum Wandel im Schneckentempo. Abgesehen davon, dass manche Topmanager Agilität mit Anarchie verwechseln: Wenn es richtig wendig und damit zukunftsfest läuft, mag es für den Unwissenden zwar so aussehen, macht aber eben genau nicht jeder, was ihm gerade passt. Da hätte dann der Chef vor lauter Change-Begeisterung was falsch verstanden. Vielmehr geht es um diese Faktoren:

Das liegt auch an unterschiedlichen Anforderungen in verschiedenen Industrien: Die Herstellung eines Autos braucht zum Beispiel viel mehr Prüfschleifen als die Programmierung von Websites. Sie zu verändern, ist naturgemäß hoch komplex.

- Erst kommen die Menschen, dann die Workflows und die Werkzeuge.
- Der starre Plan steht hinter der Notwendigkeit, sich laufend an Veränderungen anzupassen, zurück.
- Neue Produkte und Anwendungen müssen schnell funktionieren, das ganze Prozess- und Regelwerk kann warten.
- Das ergebnisreiche Miteinander ist wichtiger als das exakte Einhalten von Vereinbarungen.

„Agil sein" steht nicht für „Alle machen, was ich sage, nur schneller."

Wer das beherzigt, gibt sich mehr als bloß den neuen Anstrich; und verändert im besten Fall das ganze staubige Unternehmen. Ziehen die Schaffner bei der Bahn bisher ihre Uniform lieber aus, wenn sie nach erledigter Schicht mit der eigenen Firma nach Hause fahren („Nicht dass mich noch jemand zur Rede stellt wegen der ewigen Böschungsbrände, Signalstörungen und Personen im Gleis!"), könnte sich das bald ändern. Es ist soweit, wenn neuer Stolz einzieht; auf ein Unternehmen, das nicht nur die Reisezeit zwischen München und Berlin auf unter vier Stunden verkürzt, sondern auch als solches endlich wieder in ist. Damit dieses neue Bewusstsein peu à peu entsteht, gibt es das Kreativlabor DB Mindbox. Die Bahn will kreativer und digitaler werden. Dafür arbeiten die innovationsaffinen Fachbereiche in einem stationären Lab am Berliner S-Bahnhof Jannowitzbrücke mit Start-ups und Entwicklern zusammen. Im DB Accelerator werden Ideen von Start-ups diskutiert und Prototypen für den Einsatz in der Praxis gebaut. Das sind neue digitale Erlebnisse auf der Customer Journey genauso wie alternative Materialien und Energien und neue Konstruktionstechniken. Sofern die Tests erfolgreich sind und der Serieneinsatz sinnvoll und realistisch erscheint, wird das Projekt in den zuständigen Fachbereich gegeben. Die Start-ups bekommen dafür Büroräume und Geldprämien für die besten Ideen.

Das klingt mal innovativ! Bleibt zu hoffen, dass zumindest ein Teil der Ideen in den Zug findet. Mit der Umsetzung hapert es nämlich in der Regel.

Weitere Disziplinen im Kreativlabor sind zum einen die DB Challenge. Hier geht man mit konkreten Aufgabenstellungen auf agil denkende Macher zu, zum Beispiel mit der Frage, wie die Reinigung der 5.400 Bahnhöfe mit Robotern schneller, einfacher und günstiger geht; zum anderen das Projekt Open Data, das Daten zur Verfügung stellt und Hackathons veranstaltet. Die Mitmacher sollen Anwendungen entwickeln, die den Eisenbahnern genauso wie den Kunden echte Mehrwerte bieten. Naturgemäß dreht sich dabei vieles um die Smart City und die Zukunft der Mobilität. „Mit unserem Programm möchten wir die Agilität und Innovationskraft junger Gründer mit der Kompetenz der Bahn verbinden und so etwas Neues entwickeln", sagt der Leiter Ressortstrategie Onno Szillis. Wer dermaßen konsequent zur Sache geht, sorgt nicht nur für verändertes Denken und Fühlen, was die eigenen Produkte und Services angeht, sondern auch für ein neues Bekenntnis der Mitarbeiter zu ihrem Arbeitgeber. Wir wollen es erleben, dass der Eisenbahner vor und nach dem Dienst die Uniform nicht nur anbehält, sondern sie bewusst präsentiert; wie sonst nur die Mobilitätskollegen von der Lufthansa.

Wie wärs, wenn man erst mal das das Reinigungspersonal fragt? Bei der SBB in der Schweiz hat genau das gefruchtet. Die Betroffenen einzubinden motiviert und bindet sie ans Unternehmen.

Nur wer wendig ist, ist auch offen für die neuen Technologien.

Eine Untersuchung der Londoner Beratung Econsultancy gemeinsam mit Adobe darüber, welche digitalen Trends die meiste Relevanz für Unternehmen und Agenturen haben, ergibt ein einheitliches Bild: Am wichtigsten sind Virtual und Augmented Reality, dicht gefolgt vom Internet der Dinge und vernetzten Geräten (z.B. Wearables und Zielgruppen-Tracking), knapp vor der künstlichen Intelligenz und Bots im Zusammenhang mit Kampagnen und Erlebnissen. Dahinter folgen neue Zahlungstechnologien wie elektronische Kassenbons und Spracherkennungstools wie Amazon Echo und Google Home. All das bietet so viele Möglichkeiten, wie es Reaktanzen provoziert oder sogar Angst macht. Dabei ist die sogenannte digitale Revolution nicht mehr und nicht weniger als das, was sie schon seit 20 Jahren ist: der Wandel hin zur weiteren elektronischen Unterstützung und Ergänzung des gesellschaftlichen Alltags im Geschäfts- und Privatleben. Nur mit ganz allmählich mehr Druck drauf.

Preisfrage: Was heißt das „.de" hinter den deutschen Domains? „Digitales Entwicklungsland".

Die Entwicklung eines völlig neuen Autos braucht immer noch fünf Jahre, und sein Lebenszyklus geht über sieben Jahre. Beides ist für Entwickler wie für Konsumenten viel zu lange. Immerhin hat agileres Verhalten im Management etlicher Hersteller dazu geführt, dass die IT von der Fahrzeugentwicklung abgekoppelt wurde. Dort dauert es inzwischen nur noch etwa ein Jahr, bis etwas völlig Neues, Zeitgemäßes entsteht. Ein in die Jahre gekommenes Auto mit neuem Bildschirmdesign und neuen Funktionen für Handy, Navi und Internet kommt länger future-ready rüber. So schafft es Tesla auch, mit dem angegrauten Model S state of the art zu bleiben: Nach jedem Download aus Palo Alto sieht es auf dem großen Bildschirm etwas anders aus. So hat man ständig das Gefühl, dass es ein neues Auto ist. Man fährt damit nicht Auto – man zeigt seine zukunftsbereite Liebe zur Innovation und lässt den kleinen Elon aus sich raus. Angesichts von Porsche E und Jaguar I-Pace wird der Tesla allerdings endgültig zum Campingstuhl im Wellblechverschlag.

Konsumenten haben immer den Wunsch nach mehr Speed. Sie treibt die Furcht, abgehängt zu werden von all den Menschen und Vorgängen um sie herum. Und sie lieben agile Reaktionen von Unternehmen auf Ereignisse mit großem Nachhall: Als Norwegian das Ehe-Aus von Brangelina nur Stunden später mit einer Rundum-Kampagne unter der Überschrift „Brad is single" covert und One-Way-Flüge nach L.A., für 169 Pfund anbietet, sind die Damen aus dem Häuschen. Die Presse und die Newssender sind es auch. Und one-way natürlich deshalb, weil Brad Pitt jetzt Single ist ... Mehr Wendigsein geht nicht. Dabei ist es vielen schnell zu viel, wenn es immer schneller geht. Nur wenige Menschen haben die Gabe, das höhere Tempo im Alltag clever für sich zu nutzen. In dem Sinne, dass sie ihre Aufgaben schneller erledigen und dann schneller im Trappistenkloster sind – zum Entschleunigen. Sie wollen trotzdem noch mehr in noch kürzerer Zeit. So wechselt H&M 24 Mal im Jahr die Kollektion. Das ist das eine. Aber dort weiß man in der Etage ganz oben auch, dass viel und günstig und alles für alle nicht mehr reicht. Deshalb ist das andere, dass man sich als Fashion-Plattform sieht und auch so rüberkommen will. Die Kooperation mit bekannten Designern gehört dazu, und die junge kaufkräftige Zielgruppe soll die Making-of-Filme auf Youtube anschauen. H&M zeigt ihnen, was modetechnisch abgeht. Auch wenn sie nichts kaufen, bleiben sie bei der Stange und all die Zaras und Massimo Duttis auf Abstand.

Und Butlers ging pleite, weil die Käufer jede Woche neue Ware sehen wollten. Das sind sie von Tchibo gewohnt.

Dabei haben sie alle dasselbe Problem: Sie verkaufen in volle Kleiderschränke hinein, genauso wie die Wohnaccessoires-Händler in volle Wohnzimmer und Küchenschränke und die Elektrowerkzeugmacher in volle Autogaragen. Wirklich wendig sein geht deshalb anders: Der amerikanische Outdoor-Ausrüster Patagonia wirbt am Superverkaufstag Black Friday mit einer ganzseitigen Anzeige in der New York Times: „Don't buy this Jacket!" Es ist die Aufforderung, weniger zu kaufen, auch von den eigenen Produkten. Der Text erklärt, dass alles, was Patagonia herstellt, schlecht für die Umwelt ist. Für die abgebildete Jacke verbraucht man 135 Liter Wasser, das ist der tägliche Bedarf von 45 Menschen; und auf dem Weg ins Lager produziert sie fast 20 Pfund Kohlendioxid. Zwar ist sie laut der Werbung außergewöhnlich durabel, sodass man selten eine neue braucht. Dennoch: „There is much to be done and plenty for us all to do. Don't buy what you don't need. Think twice before you buy anything." (Es gibt genug zu tun für uns alle. Kaufen Sie nicht, was sie nicht brauchen. Bedenken Sie das, bevor sie etwas kaufen.) Provokative Disruption – shocking! Wir gehen davon aus, dass Patagonia es ernst meint mit der Übernahme von Verantwortung für die Umwelt und nachfolgende Generationen. Gerade als Hersteller von Bekleidung für Naturerlebnisse, die man nur benötigt, wenn die Natur erlebbar bleibt. Die Öffentlichkeit und die Werbewelt sind auf betroffene Art begeistert: „Die Marke erklärt dem abartig gewordenen Konsum den Krieg und gibt eigene Umweltsünden zu", zeigt sich das Fachmagazin Adweek berührt, „und die Kampagne ist ein ehrbarer Versuch, die Leute für nachhaltigen Konsum empfänglich zu machen." Begleitend erzählen Sportler in Werbespots, dass sie bei Wettbewerben lieber abgetragene als neue Klamotten tragen. Die sind bequemer und spornen sie an, weil sie sie an ihre Siege erinnern. Die Sportler und die Spots werden von Patagonia bezahlt.

Ich halte das für ziemlich konstruiert. Wer seltener die Umwelt verschmutzt, tut es immer noch. Deshalb baut Adidas jetzt Sneakers aus Meeresabfällen.

Disruptiv und agil sein heißt nicht, immer mehr in immer kürzerer Zeit zu erledigen.

Nur wer wirkliche Empathie – sich selbst genauso wie den Mitarbeitern und den Kunden gegenüber – an den Tag legt und so mutig wie entschlossen umhandelt, wird morgen vorn dabei sein. Dafür muss er wissen, dass es die homogene Massengesellschaft nicht mehr gibt. Vielmehr müssen viele Mikro-Zielgruppen, bis hin zum einzelnen Kunden, immer wieder neu ganz individuell bedient werden. Dabei sind Statussymbole heute weniger wichtig.

Der Konsum immer und überall weicht der ausgewählten Investition in sinnstiftende Dinge. Sie müssen außerdem zusehends modular ergänzbar, reparierbar, wiederverkaufbar und recycelbar sein. Wer da nicht ganz genau über seine Kunden Bescheid weiß, auf ihrer Augenhöhe mit ihnen kommuniziert, sie wirklich Anteil haben lässt und unterstützt, fällt in ihrer Gunst zurück. Der mündige Konsument prüft Angebote ganz genau und weiß gut über ihre Qualität Bescheid. Vor allem entscheidet er ganz bewusst, wie und wo er seine wertvolle Zeit investiert. Und er will weiterhin, was er schon immer will: überrascht werden. Aber auf die neue, kleine, feine Art. Die Entwicklung geht in Richtung allzeitiger Individualität, Konnektivität und Mobilität. Wer sich darauf einstellt, ist bereit für die Zukunft.

Einspruch! In den meisten Fällen kann man Qualität und Preiswürdigkeit nicht mehr unterscheiden. Babynahrung von Hipp wird gekauft, weil wir dem gleichnamigen Claus vertrauen. Inhalt (fast) egal.

Unternehmen, die das schaffen, finden die offene Schnittstelle zur digitalen Identität ihres Kunden. Sie werden Teil seiner Service-Cloud. Das Management hat hier die Aufgabe, die glaubwürdige Interaktion zu ermöglichen; und das bei bedingungsloser Transparenz. Ist sie geschaffen, müssen Angebote her, die dem Kunden genau jetzt in genau dieser Situation Hilfestellung geben, ihm seine Not lindern, sein akutes Habenwollen befriedigen. Damit das gelingt, machen standardisierte Produkte und Services Platz für situativ adäquate Lösungen, die das Individuelle mit dem Digitalen optimal verknüpfen. Verkaufen heißt in Zukunft, aus den Big Four immer wieder neue einmalige Angebote zu machen: Daten, Dinge, Kontakte, Kommunikation. Der Einbahnstraßen-Handel ist abgeschafft. Jetzt müssen sich alle Unternehmen in allen Branchen und Unternehmen vernetzen und Vorbehalte überwinden. Renault macht für gewerbliche Kunden vor, wie das geht – ganz old-economy-mäßig: Der langweilige Kastenwagen Trafic (kernige Handwerker fahren lieber Mercedes) wird zur echten Alternative mit der integrierten mobilen Arbeitsbank von Sortimo und, vor allem, den Fußmatten mit dem Logo von Engelbert Strauss. An sich kalter Kaffee. Allerdings: Wer darum weiß, wie stark vor allem die Anziehungskraft der Arbeitsklamottenmarke mit dem Strauß ist, sagt schnell: „Den will ich!" Auch wenn diese Innovation ebenfalls fünf Jahre dauert ...

Wie cool, das mit dem Gewicht und dem Apfel: Mit dem Vergleich kann der grundgebückte Wandersmann sofort was anfangen.

Da wird die austauschbare Softshell-Jacke zur einzig wahren von Schöffel. Sogar fast ohne Kraftausdrücke.

Was macht denn der
6,49-Euro-die-Kiste-Sprit
da in dem edlen Spender?

Bitburger
Premium
Original
OETTINGER
Pils

BONN

Vertu Dich mal
nicht: Das sind zwei
starke Marken, nicht
mehr und nicht
weniger.

„Klassisch
sind schwierig
unser Produkt
erlebbar mache
Kulinarik, der
Dazu gehör

DER SWISS APÉRO VON PROVIANDE IST FUTURE-READY:

Anzeigen vir wollen ja unsere Marke die ganze Lifestyle. schon mehr.“

DANIELA HALLER,
LEITERIN EXPORTMARKETING

Edding!

Herr Ledermann sagt, er schläft immer gut. Das ist durchaus erstaunlich, weil er in ziemlich verantwortlicher Position ist, Chef von 650 Leuten, weltweit unterwegs, und die Aktie macht manchmal auch, was sie will. Er hält es mit den Buddenbrooks, sinngemäß: „Sei mit Freude bei den Geschäften am Tage, aber nur bei solchen, die dich nachts gut schlafen lassen." Er schläft derart gut, dass er sogar nach Tokio Eco fliegt; von den neun Stunden kriegt er sowieso nichts mit. Die Mitreisenden wissen dann immer schon, was droht: „Ich komme wunderbar ausgeschlafen an und lege direkt los mit der Arbeit, während der eine oder andere Kollege, der mittelstandsgetreu mit mir in der Holzklasse fliegt, sich durch den Tag quält."

Per Ledermann macht in Stiften; solchen, die man wegwischen kann, und Permanent Markern, bei denen der Name Programm ist. Einer der Firmengründer heißt Edding mit Nachnamen, so einfach, 1960 fängt alles an. Der andere heißt Ledermann. Erst importieren sie Filzschreiber aus Japan, dann führen sie ein Modell als Edding No. 1 auf dem deutschen Markt ein. Der Namensgeber steigt später aus. Der andere bleibt, macht die Firma noch größer und reicht den Stift zur rechten Zeit weiter. Heute ist der Vorstandsvorsitzende froh, dass er nicht so heißt wie die Firma. Er kommt mit diesem alten Golf zum Gespräch nach Bautzen – wo Edding produziert –, das Modell weiß er nicht, in T-Shirt und Pullover, Stoffschuhen und Vollbart, lädt zu Pizza und Bier. Bei Alpia stecken sie in den Achtzigern jede Mark in die Schokolade und keine Mark in die Werbung. Bei Edding stecken sie in den Zehnern keinen Euro in die Autos und die besseren

Flugtickets und jeden Euro in die Stifte und die Technologien, die Entwicklung einer vollständig kompostierbaren Variante, Kombibüros, Telearbeitsplätze und Kinderpädagogen und die Edding-Akademie. Und in ganz andere Produkte, bei denen es um Farbe und Haltbarkeit geht – Druckerpatronen, Fugenmarker, Sprühlack, Nagellack. 001 ist der Farbcode für Schwarz, 002 der für Rot, es geht weiter bis 079, außerdem ein paar Sonderfarben. Per Ledermann sagt dazu: „Alles schöne Farben. Besonders schön ist, dass wir unser Ergebnis schon immer in 001 schreiben."

Sie schaffen, wovon andere träumen: So gut wie jeder sagt „Edding", wenn er „Permanent Marker" meint. Herr Ledermann findet das nicht nur gut: „Man verlangt im Laden einen Edding, und dann kommt es vor, dass man was ganz anderes, Minderwertiges kriegt. Das schadet uns." Und es schränkt ein bei der Entwicklung neuer Produkte. Er will nicht auf den Stift reduziert werden. Neuheiten sind wichtig, weil immer weniger auf Papier und ans Whiteboard geschrieben wird und immer mehr elektronisch. Für seine Kernprodukte rechnet er bis 2020 mit 10 % Rückgang in Europa. Da kann die Expansion in Auslandsmärkte viel wettmachen und auch die Markendehnung. In Kolumbien und Argentinien gibt es schon kleine Bautzen. Dort wird auch produziert, genauso wie in Sachsen. Hier sind es 85 Millionen Stifte im Jahr, mit einem Schwerpunkt – Kunststoffspritzguss im Grenzbereich von hundertstel Millimetern: „Stifte, die austrocknen, sind halt nicht ganz dicht." Und damit nicht von Edding. In Argentinien liegt die gestützte Markenbekanntheit schon bei 34 %. Da ist noch Luft nach oben, in Deutschland sind es 97 %. Die Strategie: „Wir haben den Anspruch, als Marke einheitlich aufzutreten. Das heißt, wir definieren für jedes Land den Rahmen, in dem dann lokal die Umsetzung stattfindet." Also so corporate wie nötig und so landestypisch wie möglich, vor dem Hintergrund der immer anders gelagerten Faktoren Kultur, Markt, Zielgruppe, Wettbewerb … Die Verantwortlichen vor Ort wissen einfach am besten, wie man dort den Rahmen ausfüllt, und es bringt nichts, sie von Deutschland aus zu gängeln. „Mit der Einführung des Brand-Managements haben wir den Rahmen bewusst enger gesteckt, weil der einheitliche Markenauftritt sehr wichtig ist. Und wir haben glücklicherweise Leute, die sich nicht alles gefallen lassen. Dann wird miteinander gekämpft, und am Ende findet sich das richtige Maß." Edding ist in 100 Ländern präsent; strategisch bearbeitet werden erst einige europäische Länder und einige in Lateinamerika.

Die Marke ist stark, aber noch nicht stark genug für das riesige Brasilien. Da kauft Herr Ledermann lieber erst mal zu. Zuvor fragt er jeden Taxifahrer, jeden Hotelangestellten in Rio und São Paulo: „Kennen Sie Compactor?" Das ist sein Wunschkandidat für eine Beteiligung vor Ort. Alle kennen die einheimische Marke, keiner kennt Edding. „Da muss man realistisch einschätzen, was man erreichen kann, und wir haben gesagt: Riesenpfund, auf geht's!" Jetzt sollen, mit der Power von Edding, für beide Partner neue Märkte entstehen – Brasilien für Edding, der Rest der Welt für Compactor.

Auch für die Markendehnung gibt es viele Ansatzpunkte. Mit Legamaster ist schon lange etwas Diversifizierendes im Unternehmen – Konferenzraumtechnik, vor allem elektronische, die den klassischen Stift nicht braucht. Für ganz andere stiftferne Ansätze gibt es die eigene Abteilung zur Beobachtung disruptiver Technologien, die bestehende Anwendungen eines Tages verdrängen und ersetzen könnten. Da will man früh informiert sein und die Strategie dann entsprechend anpassen. Die Erkenntnisse gehen ans Brand Management und fließen dort in die Entwicklung neuer Produkte ein. Das mit dem Füller geht vor Jahren schief. Hier sind andere einfach besser und vor allem glaubwürdiger. Herr Ledermann spricht voller Wertschätzung von Lamy, Rotring und Pelikan, und er sagt, ganz erkenntnisreich: „Wir wollten aus dem Produkt kommen, das war falsch. Heute kommen wir aus der Marke und aus dem, wofür sie steht." Edding ist Markieren, nicht Schreiben. Die Druckerpatronen funktionieren gut, tragen inzwischen 8 % zum Umsatz bei – auf einem schmalen Grat, was den Brand-fit angeht. Man ist damit auf der richtigen Seite, weil nicht die Schreib-, sondern die Buntkompetenz assoziiert wird. Und der Dekolack zum Sprühen passt auch. Als Stift gibt es den schon länger, deshalb sieht die Spraydose genauso aus, auch mit der markanten Kappe, nur eben viel größer und ziemlich cool. Selbst produziert wird beides nicht, dafür ist alles engineered und enabled im eigenen Haus: „Wir müssen nicht selbst herstellen, wir müssen das Beste haben, in Edding-Qualität." Auch deshalb pitcht Bautzen immer mit um die Produktionsaufträge. 200 Milliliter Dosenlack kosten im Laden 8,99 Euro, von anderen Herstellern kriegt man die doppelte Menge im vergleichbaren Farbton für weniger als die Hälfte. „Das", sagt Herr Ledermann, „ist das Preispremium, das ganz klar aus der Marke kommt."

Für ihn ist die Marke „ein unglaubliches Asset", zu hüten wie ein Schatz und gleichzeitig zu stärken und auszubauen. Sie macht profane Produkte sexy und begehrenswert: „Bei Spraydosen fand Marke bisher gar nicht richtig statt. Wir sagten uns, da muss es doch was über das emotionslose Sprühen hinaus geben ..." Ganz anders sexy wird es jetzt erst, mit dem Nagellack. Der kommt zustande, wenn man der „Eddipreneurship" freien Lauf lässt: „Wir verstehen Future-ready-Sein so, dass wir uns immer wieder an dem orientieren, was es noch nicht gibt. Wir wollen Dinge anders machen." Nagellack von Edding gibt es 55 Jahre nicht, jetzt in 58 Farben; erst testweise bei Müller im Drogeriemarkt, dann in vielen Parfümerien, offline wie online. 8 Milliliter kosten 7,95 Euro, wobei drei genetisch im Unternehmen verankerte Eigenschaften besonders wichtig sind, damit die Marke sich glaubwürdig dehnt: deckt gut, hält lange, platzt nicht ab. Und der Claim ist wichtig – weit weg von den Sally Hansens, Manhattans und Astors. Edding Laque ist für Frauen, die beim Nägellackieren ihren Mann stehen:

„Power statt Püppchen". Das ist ein heißer Ritt im Regal. Wer ihn wagt, erhöht die Chance, zukunftsbereit zu bleiben. Investitionsvolumen: eine halbe Million Euro. Zwei Faktoren sind Herrn Ledermann neben dem Finanziellen auch noch wichtig: „Das Produkt macht uns Spaß. Und wir treten nicht dafür an, die Marktanteile von L'Oréal zu übernehmen." Lieber treten sie an mit wild lackierten VW-Bullis, den original alten, für die Guerilla-Maniküre mit Passantinnen hinten im Laderaum, direkt vorm Point of Sale in der Müller-Filiale, bis das Ordnungsamt vor Ort ist.

Die Eddipreneurs sind die spinnerten Luftschlossbauer. Am Hauptsitz in Ahrensburg kommen sie regelmäßig zusammen, quer durch alle Abteilungen, da ist alles erlaubt und gefragt. Und es gibt die Zukunftsnächte mit Mitarbeitern und Studenten; in einer einzigen werden bis zu 400 Ideen geboren, auch die mit dem Nagellack. Für die Ideen in der engeren Wahl folgt ein markenstrategisch und betriebswirtschaftlich belastbares Konzept. Dann kommen die Eddiplementers. Sie lassen gemeinsam mit Dr. Seidels Leuten in der Abteilung für Forschung und Entwicklung die letzte Luftschlossluft raus, machen die Projekte marktreif und bauen so die Brücke in die Realität. Alles zusammen, von der Idee bis zur Marktreife, passiert auf der Edding-Akademie. What's next? Tattoos vielleicht. Oder Wandfarbe. Allerdings nur, wenn man dafür glaubwürdig aus der Marke kommt und sie dehnt, aber nicht überdehnt.

Wichtig ist Herrn Ledermann in solchen Prozessen, dass alle Beteiligten Tinte in den Adern haben – und möglichst unterschiedlich darin sind, wie sie denken und handeln. Bei Edding soll man viel Freiraum haben. Auch durch die offenen Kombibüros, die seit den frühen Neunzigern die Vorzüge abgeschlossener Räume mit denen des Gruppenbüros verbinden, alles verglast und für alle einsehbar. Und auf jeder Ebene gestalten die Mitarbeiter einen Bereich selbst, mit alten Sofas und Stehschränken und was auch immer. Freiraum gibt auch die Telearbeit, und die ans Unternehmen gebundenen freien Kinderpädagogen springen ein, wenn das Kind eines Mitarbeiters zu gesund ist fürs Bett und zu krank für Kita oder Schule. Dann wird es betreut, im Büro oder zu Hause. Worüber sie jetzt nachdenken in Ahrensburg, 40 Kilometer weg von der Außenalster, ist ein Satellitenbüro mitten in Hamburg. Das würde, neben dem starken Namen, die Nachwuchskräfte aus der Generation Y noch mal ganz anders für die Firma begeistern. Ob dann noch ausreichend persönlicher Austausch gegeben ist, unerlässlich für Innovation und Umsetzung, wird kontrovers diskutiert.

Mit Produkten von Edding werden die noch vorhandenen Steine der Dresdner Frauenkirche vor dem Wiederaufbau markiert. 2006 machen sie WM-Karten fälschungssicher. Und einmal ruft eine Dame von der Reeperbahn in der Firma an: Ein Kunde hat sie großflächig angemalt, wie das wieder abgeht? Erst mal gar nicht, es war ein Permanent Marker. Jetzt muss sie die paar Wochen abwarten, bis sich das von selbst erledigt. Starke Marken erzählen starke Geschichten. Aber nur, wenn sie wissen, wofür sie stehen und was sie können (und wofür und was eben nicht). Die funktionalen Markenwerte von Edding heißen „robust", „langlebig", „vielfältig", „hochwertig"; die emotionalen sind „ausdrucksstark", „kreativ" und „glaubhaft". Ziemlich profan ist das beim Lesen, aber nicht beim Erleben dessen, was sie daraus machen. Herr Ledermann, meint man, hat zwei ganz eigene Markenwerte: Der eine ist „präsent". Das ist er besonders, wenn er durch das Werk in Bautzen läuft, die Leute mit Handschlag begrüßt und bei jedem Einzelnen weiß, was gerade läuft, beruflich und daheim. Der andere ist „demütig". Er hat Demut vor der dienenden Aufgabe, die jemand hat, der das Werk der Vorfahren bewahren will und die Firma in die Zukunft führen muss. An Thomas Manns Buddenbrooks lehnt er sein Arbeitsmotto an. Allerdings werden die irgendwann übermütig, sie pokern zu hoch und verlieren das

Unternehmen. Bei Edding wird nicht gezockt, es geht vielmehr um die richtige Strategie und die cleveren Schachzüge. Per Ledermann sagt: „Ich habe keine Angst, aber ich habe großen Respekt." Die Gewissheit, dass Edding future-ready ist, sorgt mit dafür, dass er auch weiterhin gut schläft. Dann ist da auch der Raum für seinen großen Traum – den zu 100 Prozent kompostierbaren Stift. „Das wird noch ein paar Jahre dauern, aber wir werden ihn erleben. Ich bin davon überzeugt."

prag-ma-tisch!

Bianca Heinicke ist die Bibi, die mit dem Youtube-Kanal „BibisBeautyPalace". Wer jetzt nicht weiß, von wem die Rede ist, hat die Jugend definitiv hinter sich. Laut Fachzeitschrift Horizont ist sie die wichtigste deutsche Influencerin, mit über fünf Millionen Followern auf Instagram. Wenn sie ein Youtube-Video mit Klamotten- oder Schminktipps durch den digitalen Äther jagt, vibrieren überall die Smartphones der Teenager. Bibi ist eine Marke, die sich andere Marken zunutze machen. Mit einem Post erzeugt sie einen Medienwert von 25.000 Dollar. Die Produkte, die sie in ihren Videos fürs Abschminken nutzt, dürfen in den Schminkschränkchen der Fans nicht fehlen. Was sie trägt, ist das Outfit der Wahl auf der nächsten Party. Sie ist die Mitte des Gefühls- und Entscheidungszentrums der Jungen. Begründet liegt der enorme Einfluss in der pragmatischen Art, mit der sie den Fragen und Problemen ihrer Follower begegnet. In den Videos zeigt sie, wie man sich richtig schminkt und kleidet. Fertig. Das trifft den Nerv einer ganzen

Generation. Wenn die Pickel sprießen und selbst der stärkste Selfie-Fotofilter hier nichts mehr tun kann, weiß Bibi mit ihren Tutorials Rat. Sie sagt nicht, wie man es macht – sie macht es vor. Und alle machen es ihr nach und verwenden dafür die Produkte, die sie in die Kamera hält.

Einerseits erschreckend, andererseits gut so: Youtube-Tutorials stopfen Löcher in der immer weniger stattfindenden Erziehung durch die Eltern.

„Sieht man einer Person dabei zu, wie sie etwas macht, aktiviert man gleich mehrere Neuronen, die später für die Umsetzung benötigt werden", sagt der Kinesiologe Luc Proteau von der Universität Montreal. Das heißt, das Gehirn hat schon beim Betrachten des Tutorials den Eindruck, es bewältigt die Aufgabe selbst. Der Mechanismus, den die Macher nutzen, ist so alt wie die Menschheit selbst: das soziale Lernen. Den Großteil unseres Verhaltens und unserer Ausdrucksformen erlernen wir, indem wir unsere Eltern und andere wichtige Bezugspersonen imitieren. Babys lächeln, um das Lächeln ihrer Eltern zu erwidern. Jungs stehen auf Autos, weil ihre Papas das tun. Mädchen lernen das Umsorgen ihrer Babypuppe, indem sie beobachten, wie die Mama das mit dem kleinen Geschwisterchen macht. Diese Form des Lernens geht im Erwachsenenleben weiter: Jungmanager versuchen zwar nur selten zu lächeln wie ihre Chefs, aber das Kopieren von Mustern lässt sich durchaus beobachten. „Zeige mir ganz plastisch, wie ich erfolgreicher werden kann, und ich folge Dir!" Youtube übernimmt diesen Job in der digitalen Welt und ist deshalb die einflussreichste Medienmarke der Welt.

„Das meiste, was ich kann, habe ich von Youtube gelernt", sagt der israelische Musiker Kutiman, berühmt für seine Video-Mashups. Er nutzt die Plattform nicht nur für seine Filme, sondern für alle Lebensbereiche: Er kocht genauso damit, wie er hier neue Griffe auf der Gitarre lernt. Youtube ist der Partner, der Lernen einfach macht. Man lernt nicht auf Youtube, sondern von Youtube. Dass es so weit kommen konnte, hat mit der Lebensnähe des Mediums zu tun. „How to? – Wie geht das?" ist eine der meist gestellten Fragen im Internet. 2015 wird diese Frage auf Google 70 Prozent häufiger gestellt als ein Jahr zuvor 2014. Fragt man früher die Mama oder einen Experten nach Tipps fürs Kuchenbacken, findet man heute etwa 18.000 Tutorials für genau diese eine Aufgabe. Innerhalb von sechs Monaten werden in Nordamerika Tutorials mit einer Gesamtlänge von 150 Millionen Stunden angesehen. Einfach, weil es keine praktischere Form des Lernens gibt.

Dabei werden die Menschen vom Selberdenken und intuitiven Selberdenken entwöhnt. Brauche ich zum Atmen auch ein Tutorial?

Pragmatismus braucht klare Regeln.

Für die Markenführung ergeben sich hieraus zwei wichtige Lektionen. Erstens: Je pragmatischer das Ergebnis rüberkommt, desto präziser ist das Regelwerk im Hintergrund. Pragmatismus beginnt mit Einfachheit und Intuition. Wie ein Tutorial angewandt wird und zu verstehen ist, erschließt sich ohne die vorherige Lektüre einer Gebrauchsanweisung; alle eventuellen Verständnisschwierigkeiten werden bereits im Vorfeld antizipiert und ausgeräumt. Genauso sollte es mit der zukunftsfesten Führung einer wirklich starken Marke sein. Je präziser das Wertesystem ihre Nutzung und Weiterentwicklung vorzeichnet, desto leichter und besser lässt sie sich langfristig nutzen. Zweitens: Die besten pragmatischen Lösungen entstehen im Team. Statt wie früher zu sagen: „Wissen heißt zu wissen, wo es steht.", gilt heute: „Können heißt wissen, wer's kann." Daraus folgt auch, dass es zuweilen cleverer ist, die eigene Marke als Plattform anderen zu überlassen, als partout immer selbst im Vordergrund stehen zu müssen. Bibi hat mehr Einfluss auf die Teens als ihn Nivea jemals haben wird. Das macht sie als Influencerin so attraktiv.

Dabei versteht auch Beiersdorf, wie man Nivea mit berührenden Geschichten zum Lebensgefühl und sogar zum Lebensbegleiter macht.

Strategische Weitsicht und Flexibilität im alltäglichen Arbeiten schließen sich nicht aus. Wer eine Marke langfristig erfolgreich führen will, muss ihr möglichst klare und dabei möglichst dehn- und belastbare Leitlinien verpassen. Das geht mit der unmissverständlich formulierten Marken-Persönlichkeit. Nur wenn in ihrem Rahmen die Markenwerte als Entwicklungs- und Verhaltensregeln zuerst absolut eindeutig und klar sind, kann man danach guten Gewissens den Mitarbeitern erlauben, sich innerhalb dieses Korridors völlig frei und kreativ zu bewegen; es darüber hinaus erwarten, wenn nicht sogar einfordern. So beschreibt der Schweizer Kommunikationsexperte Dominique von Matt sein Erfolgsrezept für den Aufbau und die Führung starker Marken: Es braucht die klare Vorstellung über den Entwicklungskorridor, aber gleichzeitig auch den Mut, jeden Einzelnen im Bedarfsfall auf der Basis seines etablierten Vorwissens situativ und eigenständig agieren zu lassen. Die sogenannte Effectuation ist ein Modell aus der Entrepreneurship-Forschung, das sich in seinen Grundsätzen sehr gut auf diesen Aspekt der Markenführung übertragen lässt. Der von der indischen Kognitionswissenschaftlerin Saras D. Sarasvathy entwickelte Ansatz beschäftigt sich mit der Frage, wie erfahrene Unternehmer im Vergleich zu weniger erfahrenen Kollegen in unsicheren Situationen agieren. Am einfachsten erklärt sich ihre Argumentationslogik, indem man auf die Metapher des Kochs zurückgreift, der in einer vorgegebenen Küchenumgebung spontan ein möglichst gutes Essen zubereiten soll. Während der unerfahrene Koch erst einmal zum Kochbuch greift, eine Liste der optimalen Zutaten erstellt und sich dann auf die Suche danach macht, legt der erfahrene Koch mit den offensichtlich schon vorhandenen Zutaten los; und kommt so schneller zum Ziel. Diese Form des Pragmatismus ist allerdings nur möglich, wenn der Koch über ausreichend Erfahrung und Vorabinformationen verfügt. Das stellt sicher, dass er die Folgen seines Handelns zuvor richtig zu antizipieren weiß. Ist es beispielsweise möglich, spanische Tortillas mit Rapsöl anstelle von Olivenöl zuzubereiten, ohne dass der Charakter der Speise verloren geht?

Das klingt so einfach. Dabei führen auch die Erfahrenen auf Sicht und wissen immer weniger, was „richtig" ist.

Effectuation gibt Sicherheit in unsicheren Situationen.

In der Markenführung ersetzen klar formulierte Werte das Erfahrungswissen und fungieren als Zielkorridor. Das Schweizer Taschen-Label Freitag setzt das Prinzip der Effectuation konsequent in der Produktpolitik um. Man näht Unikate, jede Tasche gibt es nur ein einziges Mal. Markus und Daniel Freitag verfolgen seit der Gründung 1993 das Ziel, praktische Taschen für Städter zu bauen. Im Zentrum der Markenpositionierung steht deshalb: „Urban tools for urban people." Näher erläutert wird dieser Anspruch durch die Kernwerte „funktional", „städtisch" und „wiederverwertbar" sowie die Persönlichkeitseigenschaften „ehrlich", „intelligent" und – jetzt kommt's! – „slightly fucked up". Das so gebildete Wertesystem ist gleichermaßen einfach und effektiv. Legt man es einem erfahrenen Taschendesigner vor, kommt immer ein mobil einsetzbares Aufbewahrungstool heraus, das alltagstauglich und aus recycelbaren Materialien hergestellt ist und den leicht abgerockten Charme ausstrahlt, der dem städtischen Hipster feuchte Augen macht. Genauso praktisch wie die polierten 1.000-Franken-Ledertäschchen Zürcher Banker; aber cool. Soweit der präzise Zielkorridor. Ob zum Erreichen dieses Ziels gebrauchte Lastwagenplanen und als Trageriemen alte Anschnallgurte genutzt werden, ist zunächst nebensächlich. Diese Materialien sind bei den Fans etabliert, nahezu unbegrenzt verfügbar und hochindividuell und kosten im Einkauf so gut wie nichts. Man könnte allerdings auch ausrangierte Segelsäcke und Herrengürtel nehmen, um den Effekt zu erzielen, und dabei im vorgegebenen Korridor bleiben.

Endlich mal was, das ohne die Gähn-Werte „innovativ", „verlässlich" und „kreativ" auskommt. Ich will jetzt auch so eine Tasche!

Wenn die TUI Full Metal Cruise in See sticht, geht der weiße Hai auf Tauchstation. Nicht, dass die Freunde schwermetallischer Musik überdurchschnittlich aggressiv sind. Im Gegenteil, in Kreuzfahrerkreisen gelten sie als besonders sozial und hilfsbereit. Dennoch: Mit dem schwarzen Totenkopf-Shirt und wahlweise dem Glatzen-Tattoo oder der spezialgepflegten Mähne kommen die Freunde von Motörhead, Pantera und Iron Maiden

Gottchen, was für kleines Karo! So Hardrocker sind ja auch nicht mehr das, wofür man sie immer gehalten hat. Denken die auch an ihren CO_2-Footprint?

auf den ersten Blick zum Fürchten rüber. Ganz abgesehen von dem Radau, den 1.900 harte Jungs und Mädels auf der fünftägigen Ausfahrt durchs Mittelmeer machen. In sämtlichen Bars und allen sonstigen Areas ist dann von früh bis spät Krawall. Es wird gestromgitarrt, geheadbangt und in den Pool gestagedivet. 27.000 Liter Fass- und 46.000 Dosen Bier sowie eine Tonne Currywurst helfen dabei. Die DJ-Headliner kommen mit dem Heli an Bord und früh morgens wieder weg; direkt aus L.A. und gleich weiter nach Osaka. Kaum ist die Full Metal Cruise in Palma de Mallorca zurück, wird feucht gewischt und die „Mein Schiff 2" für die anstehende Normalo-Reise zurückdekoriert: mehr Champagner und weniger Wodka-Bull in die Kühlung, die Tieftöner von Bord und die Rhythmusmaschine anschließen.

Pragmatisch sein heißt zu wissen, wer's kann.

Die TUI und etliche andere Kreuzfahrtanbieter zeigen sich äußerst kreativ, wenn es darum geht, den Kreuzfahrtboom bestmöglich auszunutzen. Bei einer unschönen Lücke im Cruise-Kalender fackelt man nicht lange und aktiviert die kaufkräftige Mikro-Zielgruppe. Die Full Metal Cruise kostet ab 1.199 Euro pro Nasenring bei Doppelbelegung in der Innenkabine und ist nach 30 Minuten ausverkauft. Auf dem Weg zur optimierten All-black-very-special-interest-Website zahlt man bei der TUI allerdings auch Lehrgeld: Die Bespaßung Tausender konventioneller Kreuzfahrttouristen hat mit dieser Spezialspezies wenig gemein. Gar nicht so leicht, für sie das richtige Umfeld zu schaffen. In der notwendigen Detailliertheit kriegt das ein Reisekonzern nicht hin. Deshalb kommt das Programm bei der Full Metal Cruise vom legendären Wacken Open Air in Schleswig-Holstein. Die Heavy-Metal-Profis liefern die Bands, das Branding und die gesamte Infrastruktur für das Entertainment; die konventionellen Einheizer und Eintänzer haben derweil länger Landgang.

Die TUI liefert von Anfang an lediglich die Plattform für die kollektive kontrollierte Entgleisung – und das ist ausgesprochen gut so: Eines der jüngeren Experimente, die Rainbow Cruise für die finanziell hoch attraktive LGBTI-Community (in der Langfassung Lesbian, Gay, Bisexual, Transgender und Intersexual), geht ziemlich schief. Dieses Projekt versucht man selbst zu stemmen, unter anderem mit klischeefördernden muskelbepackten Popeye-Matrosen auf dem Werbematerial. Die zu Recht feinsensible Zielgruppe durchschaut den Kommerz ohne das wahre Gespür für ihresgleichen sofort. Schließlich gehen nicht verkaufte Kabinen zu Dumpingpreisen an heterosexuelle Schnäppchenjäger. Damit ist niemandem wirklich gedient, und die Dauerparty ist dann auch eher so lala.

Ich sag's ja immer: Spezialistentum, nicht Generalistentum ist gefragt. Aber vor lauter Ego wissen es viele erst mal besser, und hinterher wird es mühsam und teuer, alles Kaputtgemachte wieder ganz zu machen.

Die schwul-lesbische Community ist für exaltierte Lebensfreude bekannt, macht aber nur einen Teil der Angesprochenen aus. Außerdem definiert jeder anders, was er darunter versteht. Da ist es eher kontraproduktiv, prominente Szenegrößen wie Gloria Viagra an die Gangway zu stellen und die Kabinen mit Handschellen und Gleitgels einschlägiger Sponsoren zu schmücken. Braucht es hier überhaupt ein Sonderformat, oder ist die Fünf-Buchstaben-Zielgruppe nicht ohnehin auf den gewöhnlichen Fahrten vertreten? Unabhängig davon springen Stereotype, die jeden über einen Kamm scheren, zu kurz. Auch für diesen Markt finden sich so verständnisvolle wie kreative Berater und Ausrichter; wahre Szenekenner mit dem Gespür fürs Besondere. Das Schiff ist nur das Mittel zum Zweck. Ansonsten gilt – ganz pragmatisch, um es richtig zu bespielen – „gewusst wer". Wer nach dieser Devise handelt, macht am besten, was er am besten kann. Und sonst am besten nichts; alles andere machen andere. Unter dieser Maßgabe ist, so pragmatisch wie effektiv, Platz im Markt für sinnstiftende zukunftsweisende Kooperationen zum Wohle aller. Unentdeckte größere wie kleine und kleinste Zielgruppen gibt es dafür zuhauf.

„Nur ein große
haben ist kein
Sie ist es erst
schafft, es zur
Beteiligte
und zugleich zu

FELDHOFF & CIE. IST FUTURE-READY:

Netzwerk zu Kompetenz. wenn man es Wohle aller einzusetzen monetarisieren."

PAUL JÖRG FELDHOFF,
MANAGING PARTNER

Exklusiver Genuss für
besondere Momente
Gönnen Sie sich einen SWISS APÉRO mit traditionellen,
luftgetrockneten Fleischspezialitäten aus der Schweiz.
SWISS
APÉRO

Steile Idee: Das hab ich aus der Popup-Bar in Düsseldorf.

Tasting is believing: So steigen die Deutschen am ehesten von der Schlachteplatte um.

Wenn jetzt jede Mieder-manufaktur derart hilflos Werbung macht, will ich lieber Schiesser-Schlüpfer!

MÜNCHEN

Die Unfähigkeit offenbart sich schon im ersten Satz. Und auf der Website ist's wüst und leer …

Kaldewei!

Bei Kaldewei gibt es keinen Werksverkauf. Erst recht keine 2. Wahl, nirgends, für niemanden. Duschen, Badewannen und Waschtische, die nicht zu 100 Prozent den hohen Ansprüchen an Qualität und Verarbeitung genügen, gehen stattdessen zum Einschmelzen. Das ist man dem eindeutigen Bekenntnis zur Marke einfach schuldig. Kaldewei ist Duschen und Baden – aber Waschbecken? Nur konsequent, die Erweiterung des Produktprogramms: Im Bad ist das, wo man sich reinsetzt und draufstellt, bisher oft aus Stahl-Email und dann meist von Kaldewei; alles andere meist aus Keramik. Jetzt ist zusehends alles zum Baden, Duschen und Waschen einheitlich aus dem Material, aus dem die Welt von Kaldewei ist – der unzertrennlichen Verbindung aus robustem Stahl und widerstandsfähigem Glas.

Am Sitz in Ahlen hat man die eigene Formel fürs Email, das in der eigenen Schmelze selbst hergestellt wird. Alle anderen Hersteller, auch Roca in Spanien und Bette in Deutschland, kaufen es zu. Bei Kaldewei behält man lieber alles in der eigenen Hand: „Wir haben die ganze Prozesskette, die gesamte Wertschöpfung, von der Emailschmelze über die Stahlverformung und die Emaillierung bis zum fertig verpackten Produkt, unter Kontrolle." Komplett engineered und made in Germany. Das ist eine starke Geschichte in einer Zeit, in der man nie genau weiß, ob wirklich das drin ist, was irgendwo draufsteht. Sogar Vonovia, früher bekannt als Deutsche Annington und der größte Wohnungsvermieter in Deutschland, baut in seinen Bädern Wannen von Kaldewei ein. Da rechnet man mit jedem Cent und genau deshalb nehmen sie das Markenprodukt. Arndt Papenfuß: „Ganz einfach, die muss

30 Jahre halten. Die Kombination aus dem robustem Stahl und dem selbst hergestellten Email nach eigener Rezeptur garantiert die geforderte Wertbeständigkeit." Die Kraft starker Geschichten, meint der Bereichsleiter Marketing, kann man noch viel mehr nutzen. Dabei entwirft schon die von Vonovia ein schönes Bild von Kaldewei im Kopf. Die vom typischen Sanitärinstallateur auch; der sagt: „Kaldewei kann ich immer verkaufen. Das ist wie mit der Waschmaschine von Miele." Das Produkt ist hochpreisiger – und seinen Preis wert. Das gelingt, wenn Werte wie Vertrauen, Qualität und Langlebigkeit beim Verwender wirklich spürbar werden und nicht bloß irgendwo als Anspruch hingeschrieben stehen, um dann schnell vergessen zu werden.

Die Story von dem Hotelneubau in München ist die emotionalste: Sommer, granatenheiß, die Monteure tragen die Wannen nach oben. Modell Meisterstück, frei stehend, fugenlos, vollemailliert, kna pp 120 Kilo. Herr Papenfuß hört den Meister schnaufen: „Sauschwer, die Dinger, aber mal richtig Qualität." Die gibt es auch in Häusern wie dem Chedi in Andermatt, dem Schloss Elmau Retreat und dem Kölner Le Méridien Dom Hotel. Bei den Duschflächen im Motel One auch. Man ist halt future-ready, bei Materialien, Fertigung und Haltbarkeit. Jetzt soll sie noch mehr auch die in den Herzen sein. Schöne Auslöser dafür sind die neuen Waschtische der Produktlinien Emerso, Cono, Puro, Centro und Silenio – alle gefertigt aus Kaldewei Stahl-Email. Unterstützt wird dieses Ziel auch dadurch, dass man vieles in den Badwelten im Kaldewei Kompetenz Center mit allen Sinnen erleben kann. Und die Werksführung wird leidenschaftlicher, mit dem Fokus auf der erlebten Identität. „Die Marke muss in allen Produktionsbereichen konsistent und überzeugend erlebbar sein", sagt Herr Papenfuß, „dann wird nach einer Sekunde in der Halle spürbar, dass wir bei Kaldewei sind."

„Wertgefühl" ist für ihn wichtiger Teil des Markenkerns, die ultimative Kombination aus „Wertbeständigkeit" und „Wohlfühlen";

außerdem „Bestätigung" im Sinne der Wertschätzung von anderen und „Sicherheit" im Sinne der richtigen Entscheidung. Fachleute können das nur future-ready finden – und fragen sich, ob Kaldewei nun ein Volumen- oder ein Premiumhersteller ist. Beides geht nicht. Oder doch? Er produziert jeden Tag Tausende Wannen und Duschflächen, dazu die Waschtische, und exportiert sie in die ganze Welt. Das ist ein Indiz für Volumen. Der Markenroboter von Kuka hebt den Markenstahl in die Markenpresse von Schuler, und wenn der saurierhafte „Urschrei" verklungen ist, der entsteht, wenn sie den Stahl mit 1.000 Tonnen Druck tiefzieht, schneidet ihn der Marken-Lasercutter von Trumpf in Form. Auf jeder Anlage groß das Logo. Herrn Papenfuß blutet das Herz, wenn der Auftrag für ein exklusives Hotel da ist, und sie dürfen die eigene dezente Wortmarke nicht auf den Produkten abbilden. Lieber das Logo des Hauses, dann machen sie das möglich. Dann ist gut, dass in der Zeit seit der Gründung 1918 und seit der Erfindung der „nahtlosen Badewanne aus einer Stahlplatine" 1957/58 eines schon erreicht ist: Der Mensch denkt sowieso an Kaldewei, wenn er ans Bad denkt.

Bei den günstigen Wannen ist man mit 360 Euro dabei, bei 8.000 Euro ist das standardmäßige High-End erreicht. Sonderformen und -ausstattungen gehen bis 25.000 Euro und mehr. Kaldewei ist tatsächlich beides, Premium und Volumen. Die meisten Premiumprodukte werden, neben dem starken Volumengeschäft, in Deutschland, Österreich und der Schweiz verkauft. Wie das geht? Zum Beispiel, indem man genau zuhört – den Bauherren, aber auch den Installateuren, Architekten und Objektentscheidern als so wichtigen Meinungsmittlern und Empfehlern. „Wir sitzen mit denen zusammen und fragen: ‚Was braucht ihr denn wirklich?' Das ist neu in der Branche, so denken wir konsequent vom Kunden her und können die Produktentwicklung und die Serviceangebote nach den gewonnenen Erkenntnissen ausrichten." Es geht auch, indem man die Marke konsequent führt und sie bei aller Expansion – mit neuen Produkten genauso wie in neuen Preiskategorien – als Leitplanke für das nimmt, was man tut, und, genauso wichtig, für all das, was man bleiben lässt. „Als Premiumhersteller Volumen anbieten ist einfach, umgekehrt ist es die Herausforderung", sagt Herr Papenfuß. Die lässt sich, neben Qualität und made in Germany, mit dem dritten Faktor leichter, konsequenter und geplanter annehmen: der starken Marke. „Sie ist der Erfolgsfaktor schlechthin. Deshalb ist die konsequente systematische Markenführung seit vielen Jahren integraler Bestandteil unserer Unternehmensstrategie."

Am Stammsitz sieht man ganz oben am Giebel noch den Anker, das ursprüngliche Markenzeichen. Er steht für Halt, Stabilität, Festigkeit – Attribute einer begehrenswerten Identität. Was verleiht sie diesem Unternehmen? Die Deutung von Herrn Papenfuß: „Die Faszination kommt aus einer Marke, die weit über das rein Technische wie Verfahrensprozesse, Rezepturen, Materialien hinausgeht." Faszinierend ist das unbändige Vertrauen in die Produkte. „No one ever got fired for buying IBM", sagt man. Eingedeutscht, interpretiert und aufgeladen mit der eigenen Wahrheit, klingt es nicht minder eindrucksvoll: Kaldewei ist immer die richtige Wahl. Wobei „richtig" allein dafür gar nicht reicht, die Ansprache der Sinne muss eng verzahnt damit einhergehen. Dafür arbeiten hier nicht nur promovierte Experten an neuen Werkstoffen und Ingenieure an nur 61 Millimeter Bauhöhe für bodenebenes Duschen, sondern auch die Spezialisten, die für das Wahre, Schöne, Gute bei Kaldewei stehen. Sie sprechen die Formensprache der Zukunft und sorgen dafür, dass richtig auch richtig schön ist: sanft, klassisch, ästhetisch. Stolz ist man auf den Erfolg der Kooperationen mit bekannten Designern. Da gibt es die „weiche organische Innenform" beim Waschtisch Silenio von Anke Salomon und den „in sich gewundenen Wannenrand, der das Auge scheinbar endlos wandern lässt" bei der Wanne Meisterstück Emerso von Arik Levy. Sie bekommen begehrte Siegel und Preise, und die, sagt

Herr Papenfuß, sind die rationale Begründung fürs gute Gefühl: „Schau mal, die haben auch Designpreise gewonnen! Das spielt eine große Rolle bei der Kaufentscheidung."

Ebenfalls eine große Rolle spielt, dass sie bei Kaldewei mit Liebe an das herangehen, was sie machen. Man spürt es am Empfang im Kompetenz Center. Draußen die bunte Fassade aus, logisch, Emailplatten; drinnen am Empfang die wichtigste Markenbotschafterin mit keiner zweiten Chance für den ersten bleibenden Eindruck. Sie gibt einem das gute Gefühl, das man dort haben möchte, wo es am privatesten ist – im Bad. Hier besucht man Seminare, trinkt Kaffee, erfährt Geschichtliches, badet Probe und schaut dabei zu, wie sie aus profanem Glaspulver das Email machen, das sogar preissensible Wohnungsbauer so begeistert. Sie ist stolz darauf, hier zu arbeiten. „Es ist diese ‚Ich-gehöre-dazu'- Haltung", sagt Herr Papenfuß, „die Leidenschaft und die Identifikation: Viele Mitarbeiter tragen das Polohemd mit unserem Logo in der Freizeit." They do it the Kaldewei way, und der drückt sich auch darin aus, dass man dieses sündige Gebäck, handgemacht und ohne Ei, vom Pinneberger Keksbackstübchen reicht. Und in der Art, wie der Kompetenz-Center-Leiter die Qualität des Email ganz plastisch deutlich macht: mit der Bowlingkugel. Bei ihm kracht sie von weit oben auf die Duschfläche – und nichts platzt ab. Im Seminarraum gibt es diese hochdurablen Flächen als Flipchart, magnetisch und ohne Papier und mit dem originalen Ablaufdeckel, beschreibbar mit dem Edding-Whiteboardmarker.

Die Marke ist immer das, was man sich hinter dem Rücken des Unternehmens erzählt. Hier handelt es sich um einen echten Mittelständler, kompromisslos qualitätsorientiert, liebevoll, wagemutig, in der Wolle gefärbt, echt und pur. So oder so ähnlich werden sie nicht ganz ehrfurchtsfrei bei Kohler in Wisconsin reden, wenn sie darüber sinnieren, weshalb sie – als weit größer aufgestellter Player – im Kaldewei-Land nicht so richtig Fuß fassen. Hocherfreut sagt Herr Papenfuß: „Dass das so bleibt, schaffen wir nur mit unserer Markenidentität und mit dem, was wir immer wieder neu draus machen." Dazu gehört für ihn besonders auch das geschlossene Bild an allen Kontaktpunkten, beim Architekten, im Abholbereich beim Großhändler, auf der Website. Nur dann ist möglich, was Kaldewei so vorbildlich gelingt: gleichzeitig Volumen- und Premiumhersteller sein – „mit den typischen Markencodes und der Ästhetik einer Luxusmarke. Absolut einzigartig in der Branche".

Ich fand ja schon „Haarspalterei“ und „Hairgott“ ganz weit vorn. Aber das hier bläst dem Udo Walz das Toupet vom Scheitel.

BANSIN

Ruhig, Kollege! Wenn die Pisa-Studie stimmt, merkt da jeder Zweite nicht mal müde auf.

in-halts-stark!

Früher war ein Flughafen ein Flughafen. Heute ist er ein Einkaufszentrum mit angeschlossener Landebahn, erst zum Shoppen gebaut, dann zum Reisen. Da wird das Fliegen zum Vorwand, zur Nebensache. Die Passagiere finden sich in einer riesigen Mall wieder, gefangen zwischen Victoria's Secret, Hugo Boss und Rolex und den ganzen Snackbars. Wer hierher bloß zum Reisen kommt, stört. Während die Check-in-Schalter immer weniger werden (geht sowieso alles am Automaten), werden die Shops mehr. Und die Sitzgelegenheiten verschwinden langsam, ausruhen kann man bei Starbucks. Die Architektur folgt der Funktion: Der Weg zum Gate führt zwangsweise durch Tobleroneguccichanelnummerfünf, der zum Ausgang idealerweise auch. Die Entwicklung ist schön nachvollziehbar am Münchner Flughafen: Terminal 1, 1992 eingeweiht, hat lange monotone Gänge, durch die man schnell zum Flugzeug kommt. Ein paar Läden gibt es nur, wo die S-Bahn endet. Im Terminal 2, 2003 eingeweiht, muss man an unzähligen

Irgendwann kaufen Chanel-Flacons Chanel-Flacons, wirst sehen.

Geschäften vorbei. Und im 2016 eröffneten Satellitenterminal geht es nur ums Einkaufen, Essen und Trinken – und um, weil's denn sein muss, ein bisschen Wegfliegen und Ankommen. Da fragt der Ryanair-Chef Michael O'Leary zu Recht: Wieso sollen wir fürs Starten und Landen zahlen? Wir sollten lieber für jeden Shopper, den wir ranfliegen, Geld bekommen!

So geht Inhaltsstärke auch – eher oldschool, aber es funktioniert noch immer. Dermaßen gut, dass in München der langweilige Terminal 1 nun teuer umgebaut wird, damit es auch hier bald ordentlich Shops und Restaurants gibt. Der andere Weg, wie Inhalt geht, ist das Gegenteil. Da ist dann das begehrte Weniger das neue Mehr. Der norwegische TV-Sender NRK begeistert mit der siebenstündigen Live-Übertragung einer Zugfahrt von Oslo nach Bergen mehr Zuschauer als die Konkurrenz mit der zeitgleich gesendeten Castingshow X-Factor. Außerdem im Programm: der Livestream vom emsigen Werkeln diverser Piepmätze und Eichhörnchen in ihrem zum Mini-Coffeeshop umgebauten Vogelhäuschen. Drei Monate lang verfolgen bis zu 30.000 Voyeure täglich das Geschehen in der „Piip-Show", bei der auf den ersten Blick nichts geschieht und auf den zweiten jede Menge. Es sind kleine, ruhige Geschehnisse, die emotional berühren und sich ohne Brimborium und PR-Gedöns in die Herzen schleichen. Das Pure und Echte des Geschehens und die dort gelebten Werte sind so überzeugend. Da reicht stilles Verstehen.

Strange! Das funktioniert nur in Ländern, in denen es sechs Monate im Jahr dunkel und der Alkohol ganzjährig sauteuer ist.

Beredtes Schweigen ist im privaten Umgang und bei der Kundenansprache eine Wohltat.

Die australische Kosmetikfirma Aesop besticht durch maximale Zurückhaltung. Die Optik der Fläschchen und Tuben genauso wie der Etiketten beschränkt sich auf das Nötigste. Sie erscheinen nüchtern wie Klinikbedarf. Mit dieser Klarheit hat Aesop das

Gesicht in der Menge all der anderen Produkte, die mit großen Buchstaben und grellen Farben um Aufmerksamkeit buhlen. Die Reduziertheit kommt an: In kürzester Zeit eröffnet das kleine Unternehmen ein Dutzend Läden in Deutschland. Jeder darf anders aussehen. Wichtig bei der Gestaltung ist nur ein zur Philosophie passender Stil, der sie „reduziert und ohne Schnörkel präsentiert, sich aber auf jedem Zentimeter hochwertig anfühlt und einen individuellen Zuschnitt auf den Standort hat", so der Europa-Chef Thomas Buisson. Das Produkt ist mehr als Feuchtigkeitspflege für Hände und Nagelhaut, Dufttropfen für die Toilette und „Körperreiniger für verwöhnte Miezen und Möpse". Es ist Ausdrucks eines Lebensgefühls; dem des schweigenden Genießers, der nach der Devise „Reduce to the max" lebt. Für den schwadroniert der Werbedichter auf der Website: „Aesop bringt allen menschlichen Bestrebungen, die auf intellektueller Scharfsinnigkeit, Vision und einer Prise Ausgefallenheit beruhen, großen Respekt entgegen. Wir stellen jedes Produkt mit derselben Liebe zum Detail her, die unserer Meinung nach auch allgemein im Leben gelten soll, und tun dies unter Berücksichtigung des Klimas und der Umwelt, in der unsere Kunden leben und arbeiten. Wir empfehlen den Gebrauch unserer Produkte als Teil eines ausgeglichenen Lebenswandels, beruhend auf gesunder Ernährung, einem vernünftigen Maß an Körperbewegung, mäßigem Rotweinkonsum und einer regelmäßigen Dosis stimulierender Literatur." Die Prosa trifft den Zeitgeist derer, die auf sich achten, indem sie 29 Euro für 100 Milliliter „konzentriertes, duftendes feuchtigkeitsspendendes Öl für normale und trockene Haut" ausgeben. Sie sind, im Sinne der Absatzziele von Aesop, ganz schön viele.

Der Trend zu einer zurückhaltenden Einfachheit, die gerade wegen ihres reduzierten Auftritts ein Hingucker ist, zeichnet sich auch in der Mode ab. Hier fallen Unisex-Kollektionen, schlichte Schnitte und klassische Farben auf. Das passt in eine Zeit, in der viele Konsumenten müde sind von den immer lauteren und aufgeregten „Kauf mich!"-Rufen. Sie sind die idealen Kunden von Manufactum, dem Kaufhaus für die schlichten guten Dinge, die es schon immer gibt. Das hier schlummernde Potenzial erkennt auch der Versandhändler Otto. Er gerät mit austauschbarer Massenware an seine Grenzen und übernimmt das Spezialgeschäft mit den beachtenswerten Hinguckern. Ein Großteil der Verbraucher ist einfach konsummüde; vor allem, was Luxus anbelangt. Das liegt daran, dass es den Verbrauchern in Westeuropa schon so lange so gut geht. Anders als in jungen aufstrebenden Volkswirtschaften wie China oder Vietnam nehmen Konsumlust und Markenfetischismus ab. Geht es in Asien noch um den Wettbewerbsdruck und die Sorge, mithalten zu können, sind wir hier in der Abkühlphase. Die ultimative Erkenntnis: Kaufen macht nicht glücklich. Viele Konsumenten kaufen deshalb nur noch, wenn sie von etwas Neuem restlos überzeugt sind. Das erklärt das vermehrte Streben nach Reduktion und Einfachheit. Nachhaltigkeit in der Produktion und schlüssige Antworten auf die Sinnfrage werden wichtiger. Potenzielle Kunden sind bestens informiert, kaufen immer öfter online und erwarten, dass man mit ihnen auf Augenhöhe kommuniziert – im Laden wie im Internet. Außerdem sind sie besonders empfindlich gegenüber Werbung. Menschen unter 30 nehmen sie auf ihren Community-Seiten im Web als so etwas wie Hausfriedensbruch wahr.

Abnehmende Gier nach klassischen Luxusgütern macht Platz für Luxus ganz anderer Art: Sinn.

Hersteller müssen ihre Kunden stärker in den Wertschöpfungsprozess einbeziehen.

Im Endkundengeschäft genauso wie im B-to-B-Segment: Wer darum weiß, wie ein Produkt produziert wird, schätzt seinen Wert mehr. Wer sich außerdem in den Herstellungsprozess einbringen kann, erst recht. Dabeisein und Mitmachen fördert den Werkstolz und gibt das gute Gefühl, Teil eines Unternehmens und seiner Community zu sein. Das fühlt sich dann so an wie ein Stück der in einer immer schnelleren und flüchtigeren Zeit verloren gegangenen Heimat. Die Folge: Bei solchen Unternehmen kauft und ordert man gern, gerade wenn sie nicht die lautesten sind – sondern am wahrnehmbarsten schweigen.

Das ist die Idee der Sharing Economy: Geteilte Erlebnisse sind die schönsten Erlebnisse.

Wer im Sinne seiner Zukunftsbereitschaft inhaltsstark daherkommt, hat wirklich etwas zu sagen. Was es ist, hebt den Absender von den Mitbewerbern ab, ist relevant und bleibt hängen; mehr im Gefühl als im Kopf. Es löst positive Vibrationen aus. Und es macht den so relevanten Unterschied aus zwischen an sich austauschbaren Produkten. Eine Küche ist eine Küche ist eine Küche? Nicht, wenn sie von Warendorf aus dem gleichnamigen Städtchen im Münsterland ist. Da treten Arbeitsplatten, Hängeschrankfronten und Schubladeneinzüge in den Hintergrund; die haben alle. Sogar der patentierte Faltkorpus für ganz besondere Stabilität und Langlebigkeit ist nicht das Entscheidende. Vielmehr sind es die Mitmacher und Meinungsmittler. Menschen, deren Mission es ist, diese Küchen zu einem einzigartigen Erlebnis zu machen. Ausdruck dieses Anspruchs ist der Slogan „Von Persönlichkeiten für Persönlichkeiten". Auf der Website sind die Mit-Erlebnismacher so nahbar wie greifbar. Aber nicht mit dem professionell ausgeleuchteten Foto und dem ausgefeilten PR-Statement. Stattdessen füllen sie handschriftlich den Warendorf-Fragebogen aus, und der steht mit allen Unleserlichkeiten und orthografischen Spezialitäten im Netz: Der Planer schreibt, er ist vom Sternzeichen her Zwilling, und eine Küche muss unbedingt eine Kochend-Wasser-Armatur haben, außerdem lässt sich alles lösen. „Man darf das Problem nur nicht mit nach Hause nehmen." Die Küchenstudio-Inhaberin in Köln ist Löwe. Eine Küche muss für sie „ein Gleichgewicht an Funktionalität und Design" enthalten, und ihr Lebensmotto ist: „Et bliev nix wie et war". Und der Profikoch ist Widder, steht auf das Design und die Innovationskraft

Langsam ist mal gut mit Sinnstiftung allerorten. Darf der Kunde überhaupt noch eine Küche kaufen, um darin seine Speisen zuzubereiten?

von Warendorf und hat das Motto „Glückliche Kühe geben mehr Milch". Das alles ist so schräg wie anziehend. Man will mehr wissen und klickt sich durch die Persönlichkeiten und ihre Fragebögen. Das Entscheidende ist, dass hier echte Menschen sprechen, die der so cleanen Luxusküche schon vor dem Kaufen ihre Seele geben.

Content Marketing und Storytelling: Alle sprechen darüber, nur wenige beherrschen es.

Bacardi ist auch nur Rum, gemacht aus Zuckerrohrmelasse. Aber gefühlt ist er das Original unter allen Rums. Die Leute in Hamilton, Bermudas, setzen voll auf die Kraft der starken Geschichte, und sie erzählen sie so opulent wie episch, wie im Hollywood-Blockbuster in Cinemascope. Auf der Website soll man herunterscrollen, „um die Geschichte der Familie Bacardi im Originalton zu hören". Da geht es um die Fledermaus. Eine gewisse Doña Amalia entdeckt sie achtzehnhundertknips in der Brennerei. Heute steht sie im Logo, „verweilt auf jeder Flasche und hilft der Familie, alles zu bewältigen, was das Schicksal für sie bereithält". Francisca Carrera-Justiz, Ahnin der 5. Generation, erzählt die Story zum Nachhören. Es geht um Emilio Bacardi Moreau, tagsüber Rum-Baron und des Nachts Kämpfer für die Unabhängigkeit Kubas von Spanien. Enrique Comas aus der 6. Generation macht das alles so lebendig, dass ein großer Schluck Bacardi 1862 runtermuss. Die Website ist ein Magazin, mehr Content geht nicht. „Stöbern Sie durch alle Geschichten", fordert sie auf. Es geht um Prohibition, Freiheitskampf und Cocktail-Klassiker und um den Bergbauingenieur und Daiquiri-Erfinder Jennings Stockton Cox, „der sich bei der Arbeit in den Minen von Daiquirí auf Kuba aus Bacardi Rum, frischem Limettensaft, Zucker und Eis ein eiskaltes Getränk kreierte, um sich in der brütenden Hitze zu erfrischen". Content Marketing goes gaga – funktioniert 1a. Es stellt sicher, dass man am Spirituosenregal bei Lidl gezielt nach dem Bacardi Carta Blanca 37,5% zu 10,99 Euro greift und nicht zum Liberté mit genauso viel Bums zu 5,59 Euro, ebenfalls 0,7 Liter. Bei dem einen handelt es sich um einen Kurzurlaub in der Karibik – bei dem anderen um Alkohol.

Allerdings funktioniert die Fortführung der Website auf Instagram nicht – dem wichtigsten Bilder- und Geschichtenkanal. Da geht es ganz banal um Drinks und wie man sie inszeniert. Eine Topmarke sollte konsistenter kommunizieren.

Nach den Insolvenzen von Praktiker und Max Bahr in Deutschland und von Baumax in Österreich lösen Baumärkte keine großen Zukunftsfantasien mehr aus. Zu gestrig, zu starr, zu unbeweglich. Dabei geht es hier wie in jeder Branche darum, laufend zeitgemäß zu innovieren. Es stimmt: Wer nicht mit der Zeit geht, geht mit der Zeit. Allerdings muss die Erkenntnis, nicht mehr am gern zitierten Puls ebendieser Zeit zu sein, Aufbruchstimmung erzeugen statt Agonie und Rechtfertigung. Screwfix aus England macht vor, wie das geht; mit einem auf den ersten Blick spartanischen Konzept. Der Kingfisher-Ableger unterscheidet sich grundlegend von der Konkurrenz. Man verzichtet auf Schleifchen und Schnörkel und konzentriert sich auf das Wesentliche. Es ist das, was jedem fehlt und jeden nervt, samstagsmorgens auf der Deutschen Runde: Baumarkt, Getränkeshop, Wagenwäsche inkl. Felgenreinigung. Erstens die fundierte Beratung, zweitens der Service, der den Namen verdient, drittens durchweg eine Qualität, die dem überzeugten Selbstverständnis des ambitionierten semiprofessionellen Do-it-Youselfer genauso entspricht wie dem seines großen Vorbilds: des Vollprofis. Die Lutscher mit ihren Heißklebepistolen von Norma müssen draußen bleiben! Hier wird gesägt, geballert, gefräst, und zwar im Vollkontakt! Hier verkehren die Beißer und fachsimpeln an der Theke rum, wo der Screwfix-Vollprofi das Gewünschte aus 10.000 Artikeln nach max. fünf Minuten rüberhievt. Die Zeit läuft ab dem Abschicken der Online-Bestellung oder der Ansage im Markt.

Wenn das so toll und zeitgemäß ist, warum haben die dann nach einigen Jahren im Markt und trotz der kapitalstarken Kingfisher-Gruppe im Rücken erst so um die 20 Filialen in Deutschland?

Hornbach promotet aktiv seine 160.000 verschiedenen Artikel. Dem wahren Spax-Fanatiker sind das so etwa 150.000 zu viel. Und dem netten älteren Herrn an der dortigen Info hinterm Drehkreuz auch: Er hat schon immer nur zehn Finger, und mit denen deutet er immer vage in die Gänge oder gleich aufs Freigelände. Viel hilft eben nicht viel, und Inhaltsstärke geht heute anders. Bei Screwfix läuft der Mitarbeiter und nicht der Kunde. Treffpunkt ist die lange Theke. Nur ein kleiner Teil des Sortiments ist frei zugänglich, alles andere in hohen Regalen verstaut. Der Screwfix-Man geht ran, von Profi zu Profi, und das kommt gut an. Der Kunde von heute will sowas, morgen erst recht. Das Weniger, wenn es so inhaltsgeladen ist wie dieses, ist das neue Mehr.

Heureka! Endlich versteht es mal einer! Dem Mitarbeiter, der mich durch den Baumarkt führt, zahle ich 20 Euro die Stunde on top.

Jetzt hören wir alle wieder unken: Jaaa, in den Branchen, die Ihr hier beschreibt, geht das ja auch besonders einfach und lustvoll mit dem Future-ready-Sein! Wir sagen: Billige Ausflüchte! Es geht in jeder Branche! Mit Lochblech genauso wie im Finanzvertrieb und sogar – okay, da ist die Herausforderung größer – im Gebrauchtwagenhandel. Und B-to-B ist auch bloß B-to-C. Wenn sich sogar einer aufmacht, dem großen Google endlich Konkurrenz zu machen, ist für Angst und Vorbehalte wenig Platz. Éric Léandri heißt der Mann. Er baut die Suchmaschine Qwant auf. Der zukunftsbereite Inhalt: Schutz der Privatsphäre, relevante Ergebnisse, Verzicht auf Profitmaximierung. Der Mann wird in Zukunft zu den Gewinnern zählen. Henkel & Berndt qwanten jetzt und googeln nicht länger, wenn sie im Netz was suchen.

digital!

Alle elf Minuten verliebt sich ein Single über Parship. Bis heute ist nicht wissenschaftlich belegt, ob es bei Elite Partner und Dating Cafe schneller oder langsamer geht. Bei Singlebörse denkt man zuerst an Parship. Die Leute in Hamburg erkennen früh, dass der Single von heute digital auf der Jagd ist. Es ist im Jahr 2000, als man in den Tanzschulen noch das Parkett für den Sonntagsschwof bohnert. Wie soll es heutzutage aber gehen, wenn nicht online? Zwischen Karriere, Fitnessstudio und Junggesellenabschied in Riga bleibt keine Zeit zum Offline-Anbandeln; außerdem fehlt gerade den Jüngeren die Anbandelkompetenz. Sie ist irgendwo zwischen Playstation-Spielen und McDonald's-Abhängen mit ihren zarten Wurzeln verkümmert. „Wir leben so digital, dass uns der persönliche Kontakt nervös macht", sagen Studenten, wenn die mündliche Prüfung nicht so glatt läuft wie die schriftliche. Das Instagram-Profil mit Photoshop aufzuhübschen, ist das eine, der damit wachsenden Erwartungshaltung der anderen

Die Werbung verstehe ich immer noch nicht: Zum Verlieben braucht es doch zwei!

an die eigene Realität gerecht zu werden, das andere. Angst essen Seele auf. Da bleiben diese Möglichkeiten: entweder im digitalen Orbit weiter von der zweisamen Realität träumen oder bei Parship, Tinder, Bumble gleichgesinnte Sozialamateure finden. Ein Klick genügt, und man hat Kontakt. Ein weiterer reicht fürs Date. Der Matching-Algorithmus filtert gleichgesinnte Suchende heraus und zeigt sie einander als paarungswillig an. Vermeintlich schöne, digitale Welt: Das Mobiltelefon ist der ständige Begleiter. Jüngere gehen nicht mehr online, sie leben online. Parship weiß das. Man holt die Leute genau da ab, wo sie beziehungstechnisch stehen, um sie dorthin zu bringen, wo sie beziehungstechnisch hinwollen.

Die immer ähnlichen digitalen Success Storys sind so interessant, wie sie nerven: Alles schön und gut, aber wie gehen Unternehmen mit dem Thema Digitalisierung um, die sich nicht über Beziehungsfantasien und erotische Traumwelten in die Herzen ihrer Kunden spielen können? Wie nähern sich die Sparkassen, Persils und ABBs dieser Welt dem digitalen Zeitalter? Die erste Erkenntnis der Verantwortlichen muss die sein, dass Menschen geschäftliche und private Entscheidungen in Konsum- genauso wie in Industriegütermärkten so treffen wollen, wie sie es auf Parship, Amazon und Westwing heute schon tun. Henkel & Berndt, darin sind wir uns einig, behaupten weiterhin steif und fest, dass es keinen Unterschied zwischen Business-to-Business und Business-to-Customer gibt: In beiden Bereichen arbeiten Menschen, die sich im Privaten nicht unterscheiden; außerdem sitzt am anderen Ende des Verhandlungstisches immer ein Mensch, auch beim Nippelspannerhersteller. Die genauesten Ingenieure nutzen spätestens zu Hause Facebook, haben genauso Whatsapp-Gruppen und folgen ihren Lieblingsmarken genauso auf Instagram. Auch bei ihnen schlägt das Herz den Kopf, und sie sind genauso informationsüberlastet wie alle anderen auch.

> *Sind das die hauptberuflichen Querdenker in der neu geschaffenen „Abteilung für disruptive, agile 4.0-Transformation"?*

> *Ich kann mich hier selbst nicht mehr argumentieren hören: B-to-B ist und bleibt das Austragshäusl der Markenkommunikation.*

Der erste Schritt auf dem Weg in die professionelle Digitalisierung, der über das bisschen Alibi-Social-Media hinausgeht, muss immer der sein, zutiefst verstehen zu wollen, wie die Tagesabläufe von Mitarbeitern und Kunden gestaltet sind. Und wie sie sich durch digitale Instrumentarien ansprechender, kurzweiliger und günstiger machen lassen. Die wichtigsten Erkenntnisse dabei:

1. Digitalisierung ist kein Selbstzweck, sondern ein Vehikel, das das Leben einfacher, spannender und vielseitiger machen soll. Sinnvoll ist sie deshalb nur dann, wenn sie einen spürbaren Mehrwert liefert.
2. Digitale Transformation ist in erster Linie ein Kultur- und erst in zweiter ein Technologiethema. Sie beginnt bei den Mitarbeitern und nicht bei den Kunden. Wer seinen Frieden mit all den digitalen Neuerungen, mit Clouds und Crowds noch nicht gemacht hat, kann auf diesen Wegen keine Kunden überzeugen.
3. Das Outfit macht noch keinen Digital Leader. Hoodie, Wuschelhaare und Sneakers machen den gestandenen Stahlbau-Unternehmer noch nicht zur legitimen Siegerländer Antwort auf Mark Zuckerberg. Stattdessen gilt es, die eigenen authentischen Wege für den Eintritt in die digitale Dimension zu finden.

Bei der Digitalisierung geht es nicht um Facebook und Twitter, sondern um echten Mehrwert.

Klöckner ist ein internationaler Stahl- und Metallhändler aus Duisburg; 8.700 Mitarbeiter, die an über 170 Standorten in zwölf Ländern jährlich über 6.000 Tonnen Stahl vertreiben und damit 5,7 Milliarden Euro Umsatz erwirtschaften. Ein echter Hidden Champion. Auf der Website kloeckner.com wird der Besucher zuallererst eingeladen, auf die Seite Klöckner Connect – „Effiziente und digitale Lösungen. Passgenau für Sie entwickelt." –

zu wechseln. Connect? Ist das nicht was mit Handys? Ja und nein. Klöckner ist und bleibt Stahl- und Metallhändler. Wegen der Überkapazitäten auf dem Weltmarkt und dem damit einhergehenden Preisverfall durch die asiatische Billigkonkurrenz verändert man jedoch das Geschäftsmodell grundlegend. Connect ist die digitale Service- und Handelsplattform. Sie tritt mit dem Anspruch an, die Art und Weise der Distribution und den Umgang mit dem Kunden zu revolutionieren. „Wir digitalisieren die Stahlindustrie", proklamiert das Unternehmen seinen Anspruch. Der CEO Gisbert Rühl geht noch einen Schritt weiter: Er will das Amazon der Industrie zu werden – kundenzentriert, prozessoptimiert und convenient. Dafür sind die zentralen Prozesse entlang der Wertschöpfungskette konsequent digitalisiert und miteinander verknüpft. So kann der Kunde seine Bestellung im Onlineshop platzieren und bekommt dort sofort Informationen über Verfügbarkeiten und Lieferkonditionen. Der Kauf erfolgt papierlos. Ab jetzt kann er nachverfolgen, wo sich seine Bestellung gerade befindet und wann sie bei ihm ist.

> *Respekt! Ausgerechnet ein gefühlt derartiges Old-School-Unternehmen gibt dermaßen Gas beim Digitalisieren.*

Wem das alles doch noch etwas zu digital ist, wird jederzeit telefonisch mit einem echten Menschen verbunden oder zur Vereinbarung eines persönlichen Termins navigiert. Das Schönste: Nach der vorherigen Erinnerungsmail kommt die Lieferung exakt zur avisierten Zeit auf den Hof gefahren. All das läuft ohne jeglichen Medienbruch über die Connect-Plattform. Dabei wählt der Kunde zwischen digitaler, telefonischer und persönlicher Betreuung und wechselt barrierefrei zwischen den Kanälen. Wissenschaftler sprechen hier von einer seamless Omnichannel-Experience, so etwas wie einer nahtlos kanalübergreifenden Erfahrung. Der Stahlkäufer beschreibt es sicherlich pragmatischer: „Endlich mal eine App, die was taugt und mich weiterbringt und sogar funktioniert!" Abseits der für alle Eventualitäten optimierten Schnittstelle zum Kunden werden alle kundenseitigen Anforderungen sofort an die involvierten Unternehmensbereiche übermittelt,

> *Wie bei DHL. Nur können die Klöckners die Sendung nicht einfach übern Gartenzaun schmeißen.*

um auch zukünftig Informationsasymmetrien und Verzögerungen zu vermeiden. Ein so naheliegendes wie vielfach empfohlenes Vorgehen, das in dieser Konsequenz noch selten zu finden ist.

Noch radikaler als die konsequente Prozessoptimierung ist das hinter Klöckner Connect liegende Verständnis des Geschäftsmodells. Die Plattform handelt nicht nur unternehmenseigene Produkte, sondern steht auch Wettbewerbern offen. Wer immer möchte, platziert dort seine Angebote und profitiert von der Digitalisierungsexpertise. Auf die Frage, ob man sich damit nicht den Feind ins eigene Lager holt, räumt Gisbert Rühl ein, dass die Mitarbeiter zunächst ähnlich besorgt reagiert haben. Er ist dennoch davon überzeugt, dass nur solch radikal neue und andere Schritte im digitalen Zeitalter zum Vorsprung verhelfen und dafür sorgen, dass man future-ready ist und bleibt: „Wir können nicht den Anspruch haben, das Amazon der Branche zu werden, wenn wir dort nur unsere eigenen Produkte anbieten." Klöckner ist nicht länger bloß Händler. Man versteht sich vielmehr als Serviceplattform, die ihre Kunden beispielsweise auch im Umgang mit Verträgen und in der Kommunikation mit Distributoren und anderen Marktteilnehmern unterstützt. Kundenbeziehungen im Industriegütergeschäft sind komplexer und langfristiger und entsprechend sensibler als im schnelllebigen Konsumgütersegment. Hier die Beziehungsnetzwerke mit einer digitalen Plattform zu unterstützen, hilft nicht nur dem eigenen Abverkauf und der Prozessoptimierung; es bindet auch Kunden an das Unternehmen und macht es dadurch besonders zukunftsbereit. Kunden lieben Komfort und Convenience. Wer ihnen das bietet, bietet wahren Mehrwert und hat dadurch einen deutlichen Vorteil im Kampf um deren Gunst.

Das ist so weise wie konsequent wie sexy. Von dem Stahlbaron können die ach so hippen Fashion-, Travel- und Leisure-Companies viel lernen.

Digitale Transformation beginnt beim Mitarbeiter.

Jeder Mensch freut sich über ein Miteinander, das so zeitgemäß pragmatisch wie althergebracht emotional ist: Ein kurzer Post auf Facebook, und das zwanzigjährige Abi-Treffen ist organisiert. Ein Emoji in der Whatsapp-Gruppe „Geburtstagsgeschenk Armin", und alle wissen, ob man sich an den Motivhosenträgern von von Floerke beteiligt. Ein Wisch auf Tinder, und die Einsamkeit ist erst mal passé. Nur in der Arbeit reicht man Urlaubsanträge weiterhin von Hand ein; und in vielen Firmen ist die neueste Future-ready-Errungenschaft immer noch die Mail. Für die jüngeren Leser: E-Mail ist eine Form der textbasierten Nachrichtenübermittlung, bei der man zum Versenden und Öffnen eines Fotos einen mehrstufigen, mit dem jeweiligen Betriebssystem abgestimmten Prozess durchlaufen muss. Es liegt an dieser Komplexität und Systemabhängigkeit, dass die Mail in Millennial-Kreisen keine große Rolle mehr spielt. Laut dem Statista werden 2016 lieber täglich 42 Milliarden Nachrichten, 1,5 Milliarden Fotos und 250 Millionen Videos über Whatsapp verschickt. 90 Prozent der 16- bis 29-Jährigen, 73 Prozent der 30- bis 44-Jährigen, 53 Prozent der 45- bis 59-Jährigen und sogar 31 Prozent der 60- bis 69-Jährigen sind dort schon aktiv. Gleichzeitig wendet der Normalmitarbeiter laut einer Studie von Bain & Company acht Stunden seiner Wochenarbeitszeit für das Beantworten von Mails auf. Den wirtschaftlichen Verlust, den ein 10.000-Mitarbieter-Unternehmen durch dieses ineffiziente Multitasking jedes Jahr erleidet, beziffert man auf 60 Millionen US-Dollar. Das führt zu Frust auf allen Seiten – bei der Geschäftsführung und bei den Mitarbeitern.

Und sitzt die übrigen 32 Stunden in Meetings, um da unauffällig die Mails zu beantworten, die er am Schreibtisch nicht geschafft hat.

Dabei ist der aufmerksamkeitsstarke digitale Anfang alles andere als schwer. Er sollte dort gemacht werden, wo er gut umsetz- und verdaubar ist, losgelöst von bereits etablierten Prozessen und damit so weit wie möglich unbeeinflusst von hauptberuflichen Bedenkenträgern. Zudem sollte er ein positiver Aufreger für den Mitarbeiter sein: „Mein Arbeitgeber tut was für mich, das über das übliche Betriebssport-, Kita- und Apfelangebot hinausgeht!" Ein naturgemäß herausragender Angriffspunkt dafür ist dort, wo er sich – bei überschaubarem Aufwand – besonders wertgeschätzt, motiviert und gefördert fühlt. Und wo es sich für den Arbeitgeber im Sinne der Differenzierung von den Konkurrenten im allgegenwärtigen Kampf um die besten Köpfe lohnt, aktiv zu werden. Und zwar so digital wie auch dadurch future-ready. Ein ideales Feld dafür ist die Betriebliche Gesundheitsförderung: Allein das Wort ist dermaßen schnarch, dass die meisten Betriebe, wenn überhaupt, auf diesem Gebiet nur stiefväterlich unterwegs sind. Dabei leistet die BGF, konsequent und zeitgemäß angewandt, entscheidende Beiträge zum Erhalt und zur Förderung der Arbeits- und Beschäftigungsfähigkeit der Mitarbeiter; und damit zur Wettbewerbsfähigkeit der Unternehmen. „Strategisch angewandt", sagt der Gründer und Inhaber von Profession Fit, Bernhard Schindler, „ist die BGF mehr als das Obst in der Kaffeeküche und der Rückenschulkurs in der Mittagspause. Auch dadurch wirklich motivierte und leistungsfähige Mitarbeiter sind überzeugte Markenbotschafter – und damit für den nachhaltigen Erfolg unverzichtbar." Schindler ist der Erste, der dieses Tool für alle Mitarbeiter eines Unternehmens, Arbeiter wie Angestellte, volldigital anbietet. Sie loggen sich auf profession-fit.de ein und haben ihr eigenes Profil auf der firmenindividuell gebrandeten Plattform. Dort finden sie unter anderem mehr als 23.000 Kursangebote, die in dem Sinne zertifiziert sind, dass die Krankenkassen die Kosten übernehmen. Gebucht wird einfach per App und abgerechnet ohne Papierkram.

„Wir hören die demografische Bombe ticken", sagt Bernhard Schindler. „Viele Firmen haben nicht nur beim Rekrutieren neuer Mitarbeiter Probleme, sondern vor allem auch dabei, ihre Belegschaft gesund zu erhalten." Ein starker Treiber für die Akzeptanz von Profession Fit ist der Gamification-Ansatz: Der User sieht jeden Tag ein kurzes Video aus Disziplinen wie Gesundheit, Fitness, Ernährung, Gedächtnistraining, Motivation und Human

Clevere Gamification ist der Hit des Jahrzehnts. Und die Kombi mit der smarten Digitalität macht die User Experience rund und mehrwertig.

Branding. Wer bis zum Schluss schaut, beantwortet anschließend eine Frage zum Inhalt. Die richtige Antwort gibt Punkte, und die berechtigen zum Sachbezug in der vom Arbeitgeber festgelegten monatlichen Höhe. Der Gegenwert wird der persönlichen Debitcard in den Firmenfarben gutgeschrieben; sie hat sogar optional eine Mastercard-Bezahlfunktion. Auf diese Weise bündelt der Anbieter diverse für beide Seiten extrem relevante Vorteile in einem digitalen Angebot: Reduzierung der Krankenfehltage um bis zu 25 Prozent in zwei Jahren; Motivation durch den spielerischen Ansatz und die tägliche Aktivierung von 80 Prozent der Mitarbeiter auf ihren unterschiedlichsten Endgeräten; Budgetschonung durch die optimale Ausnutzung steuerlicher Vorteile bei maximaler Aktivierung des Mitarbeiters. So kommt das an sich für Arbeitgeber so interessante Angebot BGF aus der Low-Interest-Nische heraus und wird zu einem wesentlichen Baustein der nach innen gelebten und erlebbaren Markenidentität. Ein Unternehmen, das sich damit überdurchschnittlich und zeitgemäß engagiert, tut proaktiv etwas für das viel zitierte Employer Branding im Sinne von Motivation und Commitment sowie der Mitarbeiterbindung.

Mit solch einem digitalen Tool dürfen sich Arbeitgeber wie Mitarbeiter auch in einer ganz anderen Dimension aufgeweckt fühlen: Wie soll der Funke, dass man bereit für die gemeinsame große Zukunft ist, auf den Kunden überspringen, wenn sich 60 Prozent aller Mitarbeiter durch die sinnlose Nachrichtenflut gestresst fühlen und 42 Prozent die persönliche Note in der Kommunikation fehlt? Die Ursachen im allgemeinen Umgang mit der in die Jahre gekommenen Mail-Technologie zu suchen, springt zu kurz. Profilierte Unternehmen definieren vielmehr ganz konkret die Art und Weise, wie sie mit ihren Mitarbeitern und Kunden umgehen. Und unterbinden Wildwuchs wie die Frage danach, ob ausgewählte Topkunden im Rahmen der anstehenden nächsten Mailingaktion denn schon wieder „genervt" werden dürfen, bevor sie gestellt wird. Es sind diejenigen, die genauso klare Regeln haben, wenn es ums In-CC-Setzen geht. Klare verlässliche Verhältnisse machen die Zusammenarbeit effizienter und schöner. Der französische Rüstungs- und Luftfahrtkonzern Thales stellt schon früh klare Regeln auf: „E-Mail ist ein sinnvolles Kommunikationsinstrument, das aber auch sehr schnell überhandnehmen und negativ wirken kann", heißt es in den „Best Practice Guidelines for using E-Mail". Das Handbuch wird bezeichnenderweise vom Ethikbeauftragten des Unternehmens herausgegeben. Hier ist nicht nur geklärt, wann Mails wie an wen zu adressieren sind, sondern auch, wie Mitarbeiter ihren Account besser organisieren, um der Informationsflut Herr zu werden. Ein so konservativ anmutender Schritt, der in seiner ganzen Spießigkeit genau am richtigen Punkt ansetzt: Er gibt Struktur und sorgt für Kontinuität in der sich immer rasanter drehenden Arbeitswelt.

Da ist das Thema richtig angesiedelt. Die ewige Mailerei ist nichts anderes als Körper- und Seelenverletzung.

Sneakers allein sind auch keine Lösung.

Die Bay Area, so nennen Kenner das Technologie-Cluster rund um die Metropole San Francisco, ist nicht nur die Wiege unzähliger Start-ups und Weltkonzerne, sondern auch eines der gefragtesten Reiseziele sogenannter Wirtschaftstouristen. Jährlich fliegen Tausende Topmanager und solche, die es werden wollen, nach Kalifornien, um vor Ort von Apple-, Uber- und Facebook-Gurus zu lernen. Einmal ein Selfie mit dem großen Facebook-Logo in Menlo Park! Mehr Inspiration geht nicht. Es sei denn, man sieht den Master of all Algorithms himself. Der hält sich tatsächlich regelmäßig dort auf. Und, ja, er trägt meist Hoodie, Jeans und Turnschuhe. Allein der Glaube, dass es ums Haar geklappt hätte, ist oftmals das wichtigste Take-away von der Reise ins Valley. Und wenn es schon nicht so easy ist, die heimische Gewürzgurkeneinglaserei ganz unmittelbar zu einer Serviceplattform umzubauen, kann man sich zumindest so kleiden und so reden wie ein Digital

Evangelist. T-Shirt statt Krawatte, Sneakers statt Budapester Schuhe und ein Wortschatz ergänzt um die einschlägigen Buzzwords rund um agile und disruptive. Dann klappt's auch mit dem kleinen Rest der Digitalisierung.

Eben nicht! Während die Medien jubeln, wenn gestandene CEOs traditioneller Industriekonzerne holterdiepolter in Jeans und Sneakers auf der Hauptversammlung auflaufen, sorgt so was bei Mitarbeitern und Kunden für Irritation. „Combining red sneakers with a suit does not make you a flexible leader", bringen es Studenten der EBS-Universität in einer Studie über Erwartungen von Millennials an Konzernführungskräfte auf den Punkt. Versucht nicht, uns für dumm zu verkaufen, sondern macht Euch auf Basis Eurer eigenen Werte und Errungenschaften zukunftsfähig! Die ganzen Zuckerbergs, Musks und Cooks aus dem Valley fallen schließlich auch nicht in Zürich ein, beäugen die gefühlt schon immer hier wirkenden Vorstände in der Kronenhalle wie im Zoo und fliegen anschließend mit der neuen Montur nach Maß und den passenden Ringelsöckchen back to their peers.

Wobei das bei Zetsche gut rockt. Allerdings stimmen bei dem auch Attitüde und Content.

Hahaha: Ziemlich sinnfrei zwar, aber dieses Bild im Kopf funzt echt!

So ein Opa Unkelbach mit dem Buzzword des Jahres macht noch keinen disruptiven Sparkassensommer.
Agil
Frankfurter Sparkasse
Wirklich agil sind nur diejenigen, die von ihren Kunden so bezeichnet werden.

FRANKFURT

EINHELL IST FUTURE-READY:

„Wir vollzi Strategiew vom Fast zum First Category

ıen den
:chsel
Follower
Mover und
Leader."

ANDREAS KROISS,
VORSTANDSVORSITZENDER

Was für eine Story! Die ist dem halbwegs reflektierten NYC-Touristen zehn Dollar mehr wert. Pro Shirt.

Fehlen nur noch Flower-Power und freie Liebe. Kommt alles wieder. Einerseits sind das hier auch nur Sozialromantiker, andererseits sind sie absolut zukunftsbereit.

Eleven Stories!

Auf Tripadvisor gibt es unter „Köln" etwa 90.000 Bewertungen für etwa 3.000 Restaurants. Die Gastronomie ist der Wirtschaftszweig, der mit am stärksten wächst: Jeden Abend ist Freitagabend, und die Leute gehen heute aus, als gäb's kein Morgen mehr. Dennoch leben viele Gastronomen nur, weil sie sich selbst ausbeuten, Umsatz mit Gewinn verwechseln und vor Steuer mit nach Steuer. Wie macht man also ein Restaurant von Anfang an groß und stark, gibt ihm das begehrliche Gesicht in der Menge und führt es so, dass alle, Gast wie Gastgeber, etwas davon haben?

Es geht zum einen mit der ultimativen Location, zum anderen mit dem ungebremsten Visionär; außerdem, vor allem, mit der schlüssigen Antwort auf die Frage nach dem „Warum?": Welche Berechtigung hat ein neues Restaurant überhaupt dafür, am Markt zu sein? Jürgen Hörmann, Mitinhaber und Geschäftsführer im Eleven Stories in Köln: „Man muss ein großes Versprechen abgeben und es dann immer wieder neu erfüllen – mit dem, was auf den Teller und ins Glas kommt, und indem man dem Gast eine wirklich feine Zeit bereitet." Ein hehrer Anspruch auf 1.000 Quadratmetern, mit 220 Plätzen und der größten Kölner Restaurantbar, dem Eventbereich und Separees für Fine und Private Dining; dann noch 100 Plätze auf Balkon und Terrasse; und 25 Mitarbeiter.

Die ultimative Location: direkt am Fluss im Rheinauhafen, wo die großen Kranhäuser sind; original erhaltener Stückgutspeicher mit denkmalgeschütztem Kreuzrippengewölbe, Ende 19. Jahrhundert, im Volksmund „Halle 11". Ein Möbelhändler ist drin und geht raus. Beim Vermieter stapeln sich Bewerbungen. Die Knackfrage: „Wie wird die einzigartige Halle mit ihrer unbezahlbaren Lage am Wasser in einer Art und Weise erlebbar, die unsere Gäste mit leisen Botschaften umgarnt und ihnen dieses eine Gefühl gibt, das wir alle wollen und so selten bekommen?"

Der ungebremste Visionär: Mit Jürgen Hörmann will hier einer rein, der anders ist. Ex-Industrie-Schwergewicht und -Baumarktboss, seit Jahren in der Gastronomie und im Rheinauhafen mit dem „Joseph's" überaus erfolgreich. Geht unternehmerisch ran und weiß, dass viel Gewinn im Einkauf steckt, wie man Prozesse etabliert und lebt und ein Team formt und motiviert. Sein Anspruch ist „den Menschen eine Sehnsucht stillen, auf eine Art, dass sie sagen: ‚Wenn ich hier nicht war, fehlt mir was in meinem Leben'." Diese Haltung, das ganze Konzept überzeugt den Eigentümer: Er bekommt die Halle.

Die schlüssige Antwort auf die Frage nach dem „Warum?": Sie muss den besten Grund dafür liefern, dass es in Köln das gefühlt 3.001 Restaurant gibt. Die Münchner Managementberatung Brandamazing geht dafür ran. Vor dem Hintergrund von Markt und Konkurrenten entwickelt sie mit dem Gründungsteam die Identität. Dazu gehört die klare Vorstellung, für wen man all das macht: Wer und wie ist der ideale Gast? Sogenannte Personae verkörpern ihn, fiktive Persönlichkeiten mit ihren Lebenswelten und Lebenseinstellungen, Vorlieben und finanziellen Verhältnissen. Was sie alle haben wollen, legt der „Gast-Insight" fest: „Nur essen und trinken genügt mir nicht. Ich will mich in einer

Atmosphäre fallen lassen, die mein kulinarisches Zuhause ist – und mich mit Genüssen in jeder Hinsicht auffängt. Hier kann ich immer sein und mich mit den Menschen umgeben, die so sind wie ich (oder auch ganz anders). All das inspiriert mich, und ich entdecke immer Neues. Da habe ich was zu erzählen."

Es braucht zudem die erstrebenswerte Vision für diesen Ort. Sie definiert den so wünschenswerten Idealzustand, wenige Worte, für alle Beteiligten verständlich: „Über uns erzählt man sich die besten Geschichten." Und die Mission beschreibt den Weg dorthin: „Wir stillen den Hunger auf Kulinarik und Unterhaltung. Dafür kreieren wir Erlebnisse für alle Sinne; und wecken die Lust unserer Gäste, sich mitzuteilen – auf ihre Art und immer wieder neu. Wir übertreffen Erwartungen." Die Mission muss alle einen, die hier arbeiten, und sie immer wieder anspornen, dem idealen Zustand immer noch ein bisschen näher zu kommen. Wer das nicht wirklich will, ist hier am falschen Ort. Es braucht vielmehr die besonders engagierten Mitmacher, die das ultimative Versprechen einlösen – den „Reason-why". Der formuliert das Gefühl, mit dem der Gast nach Hause gehen soll: „Ich bin erfüllt!" Und damit man das auch glauben kann, gibt es den „Reason-to-Believe": „Jeder Mensch hat starke Geschichten auf Lager. Bei uns erlebt und erzählt er sie – weil wir die anregende Welt dafür bieten."

Die Faktoren für die starke, zukunftsbereite Marke manifestieren sich im Marken-Ei – mit dem Markenkern (dem ultimativen Versprechen in einem einzigen Wort) sowie den Markenwerten und ihren Facetten, die ihn näher definieren:

Das Marken-Ei: Alles muss auf den Markenkern einzahlen, ihn spürbar und erlebbar machen.

Der Markenkern „Erfüllung" – und was sie auslösen soll

Der Markenwert „anregend" mit den Facetten und dem, was der Gast denken und sagen soll

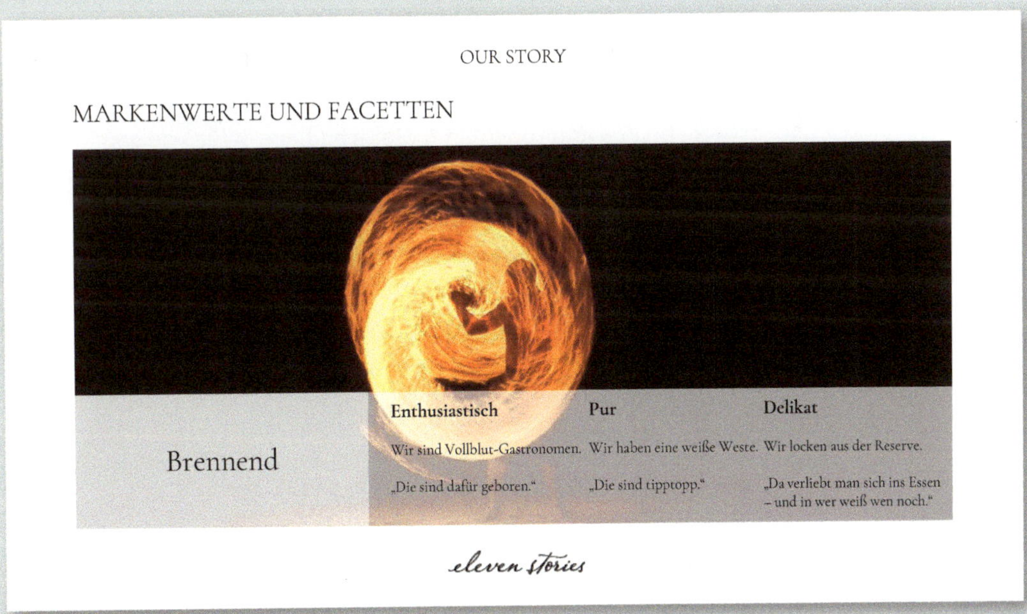

Der Markenwert „brennend" und was ihn ausmacht

Der Markenwert „fabelhaft" und wie man ihn verstehen soll

Die Markenidentität ist die schlüssige Antwort auf die Frage nach dem „Warum?" und damit die Grundlage dafür, wie genau dieses eine Restaurant ist: die Menschen, die Einrichtung, die Speisen und Getränke, die Musik, das Marketing... Sie ist die Berechtigung dafür, am Markt zu sein. Sie verkörpert die Positionierung, gibt die Marschrichtung vor, macht Entscheidungen leichter. Und mit ihr liegt auf einmal der Name auf der Hand: Nach zwei Jahren planen und bauen geht das Eleven Stories an den Start – und ist seither ziemlich gut gebucht und besucht.

Auf der Basis der Identität finden sich die Mitarbeiter. Auf der Website heißt es: „Bei uns gibt es selbstverständlich 1. ehrliche Verträge, 2. ehrliche Arbeit, 3. ehrliches Geld." Das allein ist in dieser Branche eine Story wert. Wer ins Team kommt, vom Spüler bis zum Barchef, wird in Workshops mit der Marke infiziert: Was ich dafür tun kann, dass dieses eine, das so einfach klingt und so komplex zu leisten ist, allerbest gelingt – „mediterran essen, trinken und feiern direkt am Rhein"; und dass man sich über das Eleven Stories tatsächlich die besten Geschichten erzählt. Der Fokus liegt auf Spanien, Frankreich und Italien, und das „Vier-Zutaten-Prinzip" sorgt dafür, „dass der Gast sieht, was er isst, und kein verkompliziertes Gericht bekommt". Für Jürgen Hörmann steckt die Kraft im Einfachen: „Er will erkennen, was er auf dem Teller hat. Es muss pur sein und das verkörpern, was er sich unter ‚erfüllend' vorstellt." So gibt es das „mediterrane Spanferkel mit Fregola Sarda, Fenchel und Orange", den „Seeteufel im Parmaschinken-Mantel mit Sellerie, Schalotten und Rotwein", das „Thymian-Eis am Stiel mit Mandel, weißer Schokolade und Birnen-Chutney". Ansonsten den Fisch gern im Ganzen, ebenso den Big Cut bis zum Tomahawk. Keine Röschen, keine Häubchen, keine Schäumchen. Keine Sterne, aber die Küche auf Sterne-Niveau.

Nach kurzer Zeit findet das Eleven Stories seinen Platz: nicht noch ein Restaurant, sondern der Sehnsuchtsort für erfüllende Momente. Der Kölner kommt bewusst hierher, Hotels empfehlen ihn, der Eventbereich ist ziemlich ausgelastet. Was für Jürgen Hörmann die Location future-ready macht: dass die gelebte Identität kein Dogma ist („Wer zu den wilden Rotgarnelen lieber einen deutschen Riesling trinkt, bekommt den auch."); dass man von der Bezeichnung „Bio" nicht viel hält („Das Hühnchen aus der Bresse ist das eigentliche Bio-Huhn, weil es sich wirklich frei bewegen kann. Das ist beim Bio-Huhn nicht unbedingt der Fall. Es gibt viel zu viele Siegel, mit denen viel zu viele Schindluder treiben."); dass die Frische, dieses inflationär gebrauchte Wort, hier nachweisbare Kraft hat. Sie lassen sich Herkunft und Lieferkette dokumentieren. Und die Viktualien kommen, wie sie gelebt haben und gewachsen ist – am Stück und unverzüglich („Wir wollen sehen, was wir verarbeiten, und es wird dann so zubereitet, wie wir es wollen, zum richtigen Zeitpunkt.").

Der ungebremste Visionär Hörmann lehnt sich zu vorgerückter Stunde an den Tresen, bestellt einen „Blossom & Poetry", über Pfeifentabakrauch geblasen: „Da flippen manche aus, wenn sie das riechen." Zu mixen nicht so einfach zwar und auch mit mehr als vier Ingredienzen. Es gibt hier ja keine Dogmen … Erfüllend ist für ihn, wenn die Gäste auf dem Heimweg eines haben: dieses unbeschreibliche Gefühl zwischen Kopf und Bauch.

Bei Swiss Life in München heißen die Konferenzräume wie ihre Kunden.
11:47 Uhr
Raum
K1 FRIEDRICH HAIDER
K2 KARL-ALBERT „CHARLIE" KUNZ
K3 KAI-UWE ARNOLD
K4 BERND NENNSTIEL
K5 SILKE MELLES
K6 RAINER PAHL
K7 PETER MARZEN
SHARP
Espresso
Espresso doppio
Espresso triplo
MÜNCHEN
Disruptiv! Mal was anderes als „Zugspitze" und „Tegernsee". (Ich würde gern bei „Charlie" meeten.)

Firmen & Marken!

®

brandamazing

Keynote-Vortrag!

Der Schlagabtausch: Henkel vs. Berndt: Future-ready

Schlagende Argumente: So machen sich agile Unternehmen zukunftsfest. Der eine liefert die jüngsten Erkenntnisse aus Forschung und Wissenschaft über die Kraft wirklich disruptiv agierender Unternehmen. Der andere macht klar, wie man sie nutzbringend entfesselt. Oder andersrum. Im Doppelpack sind sie 100 Prozent Henkel & Berndt, mit 200 Prozent Inhalt. Sie revolutionieren, was man bisher „Markenarbeit" nennt: weg vom „Marketing wie immer", hin zu berührenden Themen, anziehenden Geschichten, erlebbar gemachten Emotionen; und dem echten Bekenntnis zur agilen Marke – als Lebensversicherung des zufunftsfesten Unternehmens.

Wie jeder davon profitiert, bringen Henkel & Berndt genauso kompromissfrei wie humorvoll in die Köpfe. Und vor allem in die Herzen.

Mehr auf jonchristophberndt.com unter „Vortrag".

Auch strandgeeignet!

Einfach markant!

Wie Unternehmen durch Klarheit und Begehrlichkeit erfolgreich sind

„Marke" sind inzwischen irgendwie alle. Das allein reicht nicht länger aus. Wie wird ein Markenunternehmen vielmehr zu einem echt markanten Unternehmen?

Marketing-Professor Henkel und Vermarktungsexperte Berndt streiten in „Einfach markant!" um die besten Antworten. Auf ebenso kurzweilige Art wie in „Future-ready!" bekommt der Leser entscheidende Informationen, Argumente und Anregungen für sein eigenes so zeitgemäßes wie wirkungsvolles Handeln im Markenmanagement. Mit tiefgründigen Einblicken in die Tourismusregion Engadin St. Moritz, den Sicherheits-Spezialisten Abus, den Anlagenbauer Bühler, das Fünf-Sterne-Hotel Neptun, den Haushaltsgeräte-Hersteller V-Zug, den Fördertechnik-Experten Lindig und das Urlaubsland Mecklenburg-Vorpommern.

2. Auflage

Beim Buchhändler Ihres Vertrauens und bei Amazon.

Jon Christoph Berndt® vs. Sven Henkel®
EINFACH MARKANT!
WIE UNTERNEHMEN DURCH KLARHEIT
UND BEGEHRLICHKEIT ERFOLGREICH SIND
Jon Christoph Berndt® vs. Sven Henkel® EINFACH MARKANT!
Jon Christoph Berndt® vs. Sven Henkel® EINFACH MARKANT!
Jon Christoph Berndt® vs. Sven Henkel® EINFACH MARKANT!

Ihre Future-ready-Gedanken!

FSC
www.fsc.org
MIX
Papier | Fördert gute Waldnutzung
FSC® C083411

Kolibri 360 GmbH
Ferdinand-Jühlke-Straße 7
99095 Erfurt, Deutschland
produktsicherheit@kolibri360.de